GESTALTEN MIT PFLANZEN

FRIEDOLIN WAGNER

GESTALTEN MIT PFLANZEN

Versuch einer Ästhetik des Gartens

Mit 72 Fotos von Marion Nickig

VERLAG
EUGEN
ULMER

Kernstück eines Gartenraumes bildet dieser von Buchskugeln flankierte Kupferbottich mit den Blattranken von Helichrysum petiolare 'Limelight', wie des Stachelnüßchens zu Füßen des Bottichs, eine Selektion von David McClintoc, harmonieren mit der Farbigkeit des Kupfers wie der des Ziegelpflasters. Der Herbstflor von Aster × frikartii und der Dahlien im Hintergrund gibt sich sanft getönt. Rauten, sowie unterschiedliche Kräuter und Gräser zeigen interessante Blattstrukturen.

CIP-Titelaufnahme der Deutschen Bibliothek

Gestalten mit Pflanzen: Versuch einer Ästhetik des Gartens / Friedolin Wagner. Mit 72 Fotos von Marion Nickig. – Stuttgart: Ulmer, 1990
   ISBN 3-8001-6432-9
NE: Wagner, Friedolin; Nickig, Marion

Das Werk einschließlich aller seiner Teile ist urheberrechtlich geschützt. Jede Verwertung außerhalb der engen Grenzen des Urheberrechtsgesetzes ist ohne Zustimmung des Verlages unzulässig und strafbar. Das gilt insbesondere für Vervielfältigungen, Übersetzungen, Mikroverfilmungen und die Einspeicherung und Verarbeitung in elektronischen Systemen.

© 1990 Eugen Ulmer GmbH & Co.
Wollgrasweg 41, 7000 Stuttgart 70 (Hohenheim)
Printed in Germany
Lektorat: Ingeborg Ulmer
Herstellung: Dieter Kleinschrot
Einbandgestaltung: Alfred Krugmann
Satz: Steffen Hahn, Kornwestheim
Druck und Bindung: Passavia GmbH, Passau

Vorwort

Bezugspunkt für meine hier aufgezeigten Beobachtungen und Erfahrungen, mit Pflanzen gestalterisch umzugehen, ist der private Hausgarten. Als Maler habe ich gelernt, mit Farbe und Form umzugehen, sie gestalterisch einzusetzen. Ich habe versucht, die Prinzipien bildnerischer Gestaltung auf den Garten zu übertragen, selbst wenn es sich dort um stetig sich verändernde Vegetationsbilder handelt. Vielfältige Pflanzenform und reiches Blühen, von der kleinsten Staude bis zum Gehölz, in einer gemischten Pflanzung zusammenzubringen, scheint mir für heutige Gärten erstrebenswert. Den eigenen Blick zu schulen, aus der Vielfalt gebotener Möglichkeiten, die eigene, oft beschränkte Möglichkeit zu erkennen und richtig zu nutzen, ist mir wichtig. Meine Aufzeichnungen sind für Leute gedacht, die sich etwas aus Pflanzen machen, die versuchen wollen, auf dem Gartenraum, der ihnen zur Verfügung steht, die Schönheit der Pflanze durch die Jahreszeiten hin auszukosten. Marion Nickigs bewunderswerte Fotografie erleichtert diese Absicht beträchtlich und zeigt beispielhaft, was mit Worten ausgedrückt allzu theoretisch klingt.

Friedolin Wagner
Hamburg im Sommer 1990

Ein frühsommerliches Stelldichein unterschiedlicher Pflanzen läßt sich von der Bank aus in aller Muße betrachten.
Links des Ziegelweges steht Symphytum caucasicum in Vollflor, begleitet von knospender Wieseniris, von blühendem Barbarakraut (Barbarea vulgaris 'Variegata') sowie dem Heiligenkraut und Wolfsmilch (Euphorbia cyparissias).

Rechts des Weges ist Teucrium chamaedrys von blühenden Akeleien, Kornblumen, Vergißmeinnicht, wie vom rosigen Steintäschel (Aethionema grandiflorum 'Warley Rose') gesäumt.

Sonne und einen trocken-warmen Pflanzplatz schätzen Heiligenkraut und Edeldistel. Hier, Seite an Seite, ergänzen sich farblich in der Blüte Eryngium bourgatii und Santolina chamaecyparissus.

Inhaltsverzeichnis

Vorwort   5

Hausgärten heute   9

Zwischen Wunsch und Wirklichkeit   10
Stilistische Einflüsse   11
Wechselbeziehungen zwischen Garten, Haus und Landschaft   16

Gärtnern, ein kreativer Prozeß   25

Beziehungen zwischen Besitzer und Garten   26
Kritik am herkömmlichen Pflanzplan   30
Die gemischte Pflanzung   34
Über den Wert individueller Gartenerfahrungen   38

Farbe und Form im Garten   39

Harmonien und Kontraste mit Farben und Formen   40
Farbwirkungen   43
Gestaltung mit Farben   44
Blätter und Blattfarben   60

Die Kunst des Pflanzens   75

Über die Verwendung von Koniferen   76
Rosen für die gemischte Pflanzung   78
Kletterpflanzen, ein Geschenk für kleine Gärten   85
Über die Verwendung von Zwiebel- und Knollenpflanzen   89
Überschwang einjähriger Sommerblumen   95
Wuchernde Pflanzen willkommen: Bodendecker   98
Über die Verwendung von Gräsern   101
Schutzbedürftige Pflanzen   102

Themen und Situationen   103

Bäume für kleine Gärten   104
Wurzeldruck und Schatten   106
Mein Frühlingsgärtchen   109
Beete am Haus   112
Wasser im Garten   114
Der Garten im Winter   116

Literaturverzeichnis   119
Verzeichnis der Pflanzennamen   121

Ein Rosenbogen gibt den Blick frei auf diesen romantischen Winkel vor einer hohen Steinmauer im Garten von Alderley Grange in Gloucestershire. Die blühenden 'Schneewittchen'-Rosen im Bild, wie das blühende Geißblatt, das gerade noch zu entdecken ist, beschwören gleichsam, was durch das Bild kaum vermittelt werden kann: Den Apfelduft der Rosa rubiginosa und des Geißblatts. Der bewundernswerte Garten fand im letzten Jahrzehnt liebevolle Ergänzungen durch die Vorliebe seiner Besitzer für duftende Pflanzen und enthält eine einzigartige Kollektion an Duftpflanzen.

HAUSGÄRTEN HEUTE

Zwischen Wunsch und Wirklichkeit

Ein eigenes Haus mit einem Garten darum ist immer noch Wunschtraum vieler Menschen. Es mag dienlich sein, zu allererst eine kleine Bestandsaufnahme vorzunehmen, die äußeren Bedingungen des heutigen Hausgartens zu betrachten, ehe auf Fragen des Stils und der Beziehungen zur Landschaft einzugehen ist.

Nach dem Zweiten Weltkrieg, in einem dichtbesiedelten, kleiner gewordenen Land ist Gartenraum buchstäblich kostbar geworden. Aber auch wesentlich mehr Menschen haben die Möglichkeit, ein kleines Stück Garten zu bewirtschaften. Der durchschnittliche Hausgarten ist sehr viel kleiner heutzutage als ehedem. Die neue, mobil gewordene Gesellschaft und ihre Autos brauchen Platz. Der wirtschaftliche Aufschwung nach dem Krieg bedingte auch eine Veränderung des allgemeinen Lebensstils. Hausgärten werden heute weniger zur Produktion von Obst und Gemüsen genutzt. Heutzutage ist der Hausgarten vor allem vielseitig genutzter Wohn- und Lebensraum. Die hohen Arbeitslöhne bedingen, daß Häuser und Gärten so angelegt werden, daß ihre Instandhaltung geringe Arbeit und Kosten beanspruchen.

Tourismus und Medien beeinflussen andererseits auch die Vorstellungen, wie man im Garten leben will. Die südlichen Ferienparadiese, die den Menschen für ein paar Wochen im Jahr Sonne und eine Szenerie subtropischer Üppigkeit vor Augen führen, stehen hoch im Kurs. Oleander, Agaven und manch andere Pflanzentrophäe erinnern später dann, auf der heimischen Terrasse, an Ferienglück und südliche Inspiration.

Die vielen Gärten, einfache wie berühmte, die an den Reisewegen liegen, bringen nie zuvor gesehene Pflanzen vor Augen. Und so manch bewundertes Detail läßt den Wunsch erstarken, ähnliches im eigenen Garten zu haben. Das mag ein hübsch gearbeitetes Gartenhaus sein, eine verglaste Veranda, ein Kräutergärtchen mit Sonnenuhr, oder ein zur Figur formiertes Gehölz. Eine eindrucksvolle Gartenanlage mag den Anstoß geben, etwas an der eigenen Gartenwelt zu ändern. Andere Gartenvorstellungen ergeben sich aus einem veränderten Verhältnis zur Umwelt. Leider gipfelten die steigenden Ansprüche der Gesellschaft nicht nur im Wohlstand, sondern auch in Umweltzerstörung. Ruhe und Geborgenheit, aber auch die intakte »heile Welt«, die der moderne Mensch so sehr vermißt, versucht er sehnsuchtsvoll im Garten zu finden oder zu bewahren. Dort sucht man nun auch zu beherbergen, was durch technisierte Landwirtschaft und Industrie aus geschädigten Landschaften verdrängt wird. Das neue, geschärfte Umweltbewußtsein hat seit einem Jahrzehnt auch eine neue Art zu gärtnern erstarken lassen. Wir begreifen, daß der Garten zwar für uns selbst da ist, daß aber gleichwohl Pflanzen- und Tierwelt mit uns zusammen eine natürliche Einheit bilden. Wir sprechen sogar schon von Wildkräutern, wenn wir Unkraut meinen und es fällt uns schwer, die Schnecken zu töten, die unsere Lieblingspflanzen bedrohen. Mit dem Folienteich einem neuen »Zurück zur Natur« entsprechen zu wollen, ist angesichts der existierenden Umweltschäden rührend naiv, gleichwohl ist dies zu einer Gartenmode geworden.

So zeigt das Aussehen der Gärten auch die jeweilige Beziehung der Menschen zur Natur auf, lassen sich persönliche Vorlieben und Interessen der Besitzer ablesen und machen sie zu einem Teil unserer Kulturlandschaft.

Stilistische Einflüsse

Bauerngarten und Cottagegarten: Hausgärten zu Beginn des Jahrhunderts

Zu Beginn dieses Jahrhunderts erstrebte eine weltweite Stilkunstbewegung eine Synthese von Kunst, Leben und Natur. Hierzulande wurde die Bewegung mit dem Schlagwort »Jugendstil« belegt. Die Architekten, die auch der Gartengestaltung um die Jahrhundertwende neue Richtlinien zu geben vermochten, hatten sich am ländlichen Leben, am Bauerngarten inspirieren lassen.

Der Architekt Hermann Muthesius verstand es, besonderes Interesse für eine Art Wohngarten zu wecken, die er in England gesehen hatte: Gärten, deren Aussehen in enger Beziehung zum Haus stand.

Der Wiener Architekt Franz Lebisch zeigt in seinen berühmten, schwarz-weißen Gartenvisionen eine gepflegte, geordnete Welt, in der die Natur in den von Menschenhand gestalteten Lebensraum einbezogen wird, um architektonische Vorstellungen auszuarbeiten. Die geometrische Grundstruktur des Bauerngartens und seine beschnittenen Hecken standen für diese Art Garten gewissermaßen Pate.

Ähnlich wie bei uns, fanden in England die Künstler auf der Suche nach Stil neue Werte im Handwerk. Die Reaktion auf das Industriezeitalter und die zunehmende Verstädterung gipfelte dort in einer Idealisierung des natürlichen Lebens auf dem Land. Zum erstenmal in der Geschichte der Gartenkunst vermochte der bäuerliche Garten die Landhausgärten der Reichen zu beeinflussen. Der Cottagegarten, der kleine Hausgarten an den ehemaligen Landarbeiterkaten also, geriet ins Blickfeld der Schriftsteller und man sah ihn als ein Refugium »altmodischer« Blumen.

Dieser holländische Bauerngarten zeigt noch die bunte Heiterkeit des altvertrauten, verzierten Nutzgartens, wie er sich in ähnlichen Variationen überall, über Jahrhunderte hin, in Westeuropa fand, dort, wo in den einfach gegliederten Gärten, nahe am Haus, das lebensnotwendige Gemüse traut mit Kräutern und Blumen wuchs.

Wohlgeordnet und architektonisch gegliedert, gibt sich dieser kleine Kräutergarten von York Gate in einem hübschen Vorort in Leeds. Mrs. Spencer hat mit Geschick durch Buchs und Eiben dem Gärtchen, über die Saison der Kräuter hinaus, permanente Struktur gegeben. Buchskugeln mit variegierten Blättern wurden im Zentrum als farbiger Kontrast verwendet.

Besonders William Robinson wetterte in seinem berühmt gewordenen Buch »The English Flower Garden« gegen die gartenbaulichen Besonderheiten, besonders gegen die formale Künstlichkeit damaliger Bepflanzung und pries stattdessen winterharte Stauden und Gehölze. Die vielen winterharten Staudenarten, die im 18. und 19. Jahrhundert aus Amerika und Asien eingeführt worden waren, inspirierten englische Gartenkünstler wie Gertrude Jekyll und Ellen Willmott, Rabatten ausschließlich mit Stauden zu gestalten.

In Deutschland war die Gartenwelt um Jugendstilhäuser gepflegt und wohlgeordnet. Terrassen, Rasenflächen und Pflanzungen hatten erstmalig die Funktion von Wohnräumen im Freien. Man sprach von »Raumkunst im Freien«. Den Pflanzen war gewissermaßen ein unverrückbarer Platz in einem harmonischen Ensemble von Mauern, Treppen, steingefaßten Beeten zugewiesen. Natur gab sich artig: Kronenbäumchen, Teppichbeete, Rasenbordüren – der Tummelplatz von Faun und Nymphe sollte stimmungsvoll sein, und ein Arsenal von geschulten Gärtnerhänden, die sich schon bald kaum jemand leisten konnte, gewährleistete dies.

Seinen überzeugendsten und in höchste Perfektion gesteigerten Ausdruck fand der in den ersten Jahrzehnten in England entstandene, am Cottagegarten inspirierte Stil, in den berühmt gewordenen Gärten von Vita Sackville-West in Sissinghurst und von Lawrence Johnston in Hidcote.

Fremde Pflanzenschätze und neue Hybriden

Schon von der Entdeckung Amerikas an und besonders seit der Renaissance reisten die Gelehrten nicht nur kreuz und quer durch unseren Kontinent, um nach Pflanzen zu suchen, sie fahndeten auch in Übersee. Die Inbesitznahme neuer Territorien, der Ausbau des Welthandels, begünstigte einen Zustrom an unterschiedlichsten Pflanzen, die von den Herrschenden und Reichen als Trophäen für ihre Häuser und Gärten gesucht waren. Manche davon, wie Mais, Tabak, Tomaten, Kartoffeln, wurden sogar zu unverzichtbaren Nahrungs- und Genußquellen. Vom späten 18. Jahrhundert an bis in die ersten Jahrzehnte unseres Jahrhunderts fand eine Überfülle an exotischen Pflanzen nach Europa. Sir Joseph Banks, Leiter des Botanischen Gartens Kew von 1770-1820 iniziierte so etwas wie einen »Goldrausch« nach neuen Pflanzen. Eine Reihe geheuerter Pflanzenjäger sammelte mühselig all jene Pflanzen, die uns nunmehr zum vertrauten Gartenschmuck geworden sind. Besonders die zu Geld gekommenen Bürger des beginnenden Industriezeitalters waren begierig, ihre neuartigen, aufwendigen Gewächshäuser mit Exoten zu bestücken. Es entstanden große Gärtnereien, die für alles, was an Pflanzen aus Übersee kam, einen Absatzmarkt fanden.

Der Erste Weltkrieg setzte der Ära beheizbarer Wintergärten und privater Gewächshäuser erst einmal ein Ende. Stattdessen suchte man besonders im asiatischen Hinterland nach harten Pflanzen, die europäische Winter ertrugen. William Purdon, Reginald Farrer, E. H. Wilson, Frank

In Lawrence Johnstons weltberühmter Gartenanlage von Hidcote, die zu Anfang des Jahrhunderts entstand, findet sich dieses Gärtchen, in dem ausschließlich gelb- und blaublühende Blumen mit Laubschmuckpflanzen kombiniert sind. Die rotblättrigen Keulenlilien, wie die Agaven in den Keramiktöpfen, geben dem Gärtchen die exotische Note.

Die Strauchpaeonie 'Roman Gold' ist eine der vielen Hybriden, die durch Kreuzung der Paeonia lutea ssp. ludlowii mit Varietäten der Paeonia suffruticosa in den letzten Jahrzehnten in den USA entstanden. Die Lutea-Hybriden blühen später und sind weniger spätfrostgefährdet als die Kultursorten der Strauchpaeonien.

Kingdon-Ward waren jene Persönlichkeiten, die bis in die zwanziger Jahre dieses Jahrhunderts neue Species von vertrauten Gartenpflanzen sammelten. Besonders China und Japan wurden als Paradiese der Pflanzensammler angesehen.

Diese neuen Wild- und Gartenpflanzen Ostasiens, die Funkien, Lilien, Kirschen, Paeonien und die Rhododendren in ihrer Fülle prägten entschiedener noch das Aussehen unserer Gärten, als es zuvor der Einfluß der hochentwickelten Gartenkulturen Ostasiens selbst zu tun vermochte. Es entstanden jene weitläufigen, privaten Rhododendrenparks. Deren Besitzer begannen häufig mit dem gesammelten, unterschiedlichen Rhododendronschatz neue Hybriden herauszuzüchten. Private Pflanzenliebhaber, die neu entstandenen gartenbaulichen Liebhabergesellschaften sowie einzelne Gärtnereien widmeten sich in Westeuropa und in den USA der Zucht von Gartenpflanzen. Von altvertrauten Gartenfavoriten entstanden ungeahnte Steigerungen, Blumen und Ziergehölze in differenzierter Auffächerung, die allesamt auch das Aussehen heutiger Gärten mitbestimmen.

Asien und das Bizarre

Seit der Beschreibung eines chinesischen Gartens durch den Jesuitenpater Attiret (1749) übt Fernöstliches unwiderstehlichen Zauber und Faszination aus, hat in unterschiedlicher Weise westliche Kultur beeinflußt. Die Prinzipien des Versteckens und des überraschenden Entdeckens, wie sie in der chinesischen Gartenkultur häufig sind, fanden einen Nachhall in den sich windenden Flußläufen und Pfaden, wie der englische Landschaftsgarten sie bot. Von den Pavillons chinois des Barockgartens bis zum heute so beliebten Bonsai erliegen wir der stilisierten »Natürlichkeit« asiatischer Gartenkunst. Ihr Einfluß brachte es zuwege, daß wir auch im Hausgarten gelegentlich einen scheinbar natürlichen Effekt geboten bekommen; häufig genug ist dieser aber ohne jeden Bezug zur Umgebung, und nur oberflächlich pittoresk. Die Art, wie besonders im Westen der Vereinigten Staaten, Baumaterialien vom Sand bis zum Holz im Garten zur Ausschmückung dienen, zeigt den japanischen Einfluß. Ob wir nun, wie im japanischen Garten, die exquisit reduzierten Arrangements von Steinen und Moosen nachzuahmen versuchen oder die formale Fülle des chinesischen Gartens zitieren, so interpretieren wir doch immer Ostasiatisches nach westlichen Vorstellungen. Letztendlich bleibt uns die Fülle an unterschiedlichen Bedeutungen, die im chinesischen Garten auf engem Raum zur Darstellung kommen und ein ganzes Universum in ihren formalen Gegebenheiten symbolisieren, fremd.

Amerikanische Lebensart

In den dreißiger Jahren waren Schwimmbecken in Hausgärten neue Attribute. Von Amerika ausgehend machte sich die Mode breit, im Garten zu wohnen. Der Bungalow wurde bei uns erst nach dem Kriege populär. In den Vereinigten Staaten sind Garten und Haus oft innig miteinander verzahnt. In den heißen Klimabereichen ist die Küche ins Freie verlegt, meist um einen offenen Grill gruppiert. Ein Blumenbeet am Haus wird zuweilen hinter der Frontverglasung bis ins Wohnzimmer hinein geführt. Bäume und Sträucher bekommen zusätzliche Aufgaben, sie werden zu Trennwänden

Diese Pflanzenkombination zeigt deutlich, wie wichtig Blattform und -farbe bei der Zusammenstellung von Pflanzen sind. Die Funkienblätter und das Laubfiligran der Augenwurz (Meum athamanticum), unten links, wie die braunroten Blätter von Heuchera micrantha 'Palace Purple' werden über den Flor der Lilie 'Rex' wie der später blühenden Taglilie 'Jake Russel' hinaus durch die Blätter erfreulich wirken.

oder einer Art gemusterter Vorhänge. In unserem Klima sind Bungalows mit großen Glasfronten schwerer mit dem Garten zu verschmelzen, besonders im Winter, wenn Drinnen und Draußen so deutlich getrennt sein müssen. Das Wohnzimmer nimmt dabei hierzulande zwangsläufig den Charakter eines Gewächshauses an, wenn vor der Kulisse entlaubter Bäume sich am Fenster Birkenfeigen und Baumfreund drängen.

Die bevorzugten Materialien moderner Architektur, wie Glas, Aluminium, unterschiedliche Kunststoffe und polierter Stein, reflektieren Licht und verstärken so den Eindruck visueller Unruhe.

Heutige Stilvielfalt

Karl Foersters visionäre Voraussagen: das vermehrte Garteninteresse, die Zucht edler Blütengewächse und ihre Verbreitung in deutschen Gärten, sind erfüllt, ja, sie haben sogar die Erwartungen Foersters noch übertroffen. Dieser Pflanzenreichtum erleichtert die Ausgestaltung heutiger Gärten in nie dagewesener Vielfalt. Obendrein sind die Formen künstlerischen Ausdrucks aus aller Welt heute bei uns präsent, da sie uns über Bildschirm und Druckwerke zugänglich gemacht werden, soweit wir Anregungen nicht sogar von eigenen Reisen mitbringen. Ganz allgemein leben wir in einer Epoche, die ähnlich dem Fin de siècle vor hundert Jahren, die Künste, besonders die Baukunst und die Bildenden Künste in verschiedenen Stilen aufzeigt. Die Überfülle an präsentem Kunsthandwerk von Italien bis Japan wie die Vielfalt an Gestaltungsmöglichkeiten verführen begeisterungsfähige Gartenbesitzer dazu, auf engem Raum Mögliches und Unmögliches realisieren und verbinden zu wollen. Zuweilen entsteht so etwas wie ein Wolkenkuckucksheim ohne irgendeine Wechselbeziehung zur Umgebung.

Wechselbeziehungen zwischen Garten, Haus und Landschaft

Das Moment des Umfriedetseins ist für einen Hausgarten wichtig. Die nähere Umgebung unserer Gärten ist häufig zersiedelt, sie bietet mehr oder weniger ein Gefüge disharmonischer Architektur kombiniert mit aufdringlichem Lärm. Man möchte sich davon abschirmen und man möchte auch nicht, daß die eigene, geschätzte Gartenwelt durch das Einwirken der Außenwelt geschmälert wird. Aber selbst das, was wir in unseren Gärten so treiben, ist durchaus nicht immer so harmonisch, wie wir es zu tun vermeinen. Die Funktionen, die ein moderner Wohngarten erfüllt, vom Wäschetrocknen bis zur Körperertüchtigung, bietet unansehnliche Seiten, ganz zu schweigen von offensichtlichen Gestaltungsmängeln.

Nur wenigen ist es gegönnt, in landschaftlich schöner, natürlich gewachsener Umgebung zu leben und zu gärtnern, fern von all den visuellen und akustischen Aufdringlichkeiten, die das öffentliche wie private Leben in den Ballungszentren kennzeichnen.

Ein solcher Garten ist dann ein Teil der Landschaft, und seine Gestaltung sollte sich am Draußen, an der umgebenden Landschaft orientieren und messen. Bestenfalls ist dann der Garten so beschaffen, daß man meint, alles was das Auge erfaßt, gehöre zum eigenen Garten.

Nach diesem englischen Gartenideal zu verfahren, die sichtbaren Grenzen zwischen Haus und Garten, Garten und Landschaft zu verwischen, scheint verlockend. Aber nicht jeder Garten liegt in zauberhafter Landschaft. Man muß vielmehr die Vor- und Nachteile der Umgebung ins Auge nehmen. Was ist häßlich oder lenkt vom Gartengeschehen zu sehr ab? Gibt es jenseits der Gartengrenze etwas, das als Teil des eigenen Gartenbildes erfreulich wäre? Vielleicht ist ein Telegraphenmast, eine Bushaltestelle oder ein öffentlicher Parkplatz dem Garten benachbart und so häßlich, daß man die unerwünschten Dinge kaschieren muß. Vielleicht läßt sich Nachbars Prachtstaudenbeet so gar nicht in der Blickachse der eigenen Alpinentröge akzeptieren, und man hat sich zu fragen, ob nicht ein Heckensegment oder eine

Eine geschichtete Steinmauer trennt lediglich den Garten dieses schlichten Cottage von der umgebenden Weide. Der Garten mit seiner Bepflanzung und das Haus fügen sich harmonisch in die sanfte Parklandschaft.

Die nahe Dorfkirche, die fernen Schafweiden jenseits der Gartenmauern prägen die Gartenstimmung ebenso wie die Bepflanzung selbst. Farne, Efeu, Holunder am Manor von Snowshill machen die Übergänge von Haus und Garten sanft.

feste Mauer die unterschiedlichen Welten trennen sollte. Vielleicht aber bietet der Gartenausblick ein architektonisches Kleinod, so daß man sich entschließen kann, sich dieses Objekt zu »borgen«. Es sind wohl eher herangereifte, große Bäume im nachbarlichen Umfeld, die sich dafür anbieten, mit der Szenerie des eigenen Gartens ein erfreuliches Ganzes zu bilden.

Zuweilen aber auch wird dem Gartenbesitzer vom eigenen Gelände aus eine malerische Fernsicht geboten. Sie vermag dem Garten speziellen Charakter zu geben. Es gilt nur zu bedenken: ein bestimmender Landschaftsausblick läßt sich nicht so recht mit der Intimität eines Blumengartens vereinen. Russel Page, der kosmopolitische Gartenkünstler britischer Herkunft, bemerkt dazu in seinem Buch »The education of a gardener«: »Bewußt oder unbewußt werden sowohl das Auge als auch die Gedanken von den Blumen zur Aussicht und wieder zurück wandern und keine Ruhe finden.« Dieses Beispiel mag auch dienlich sein, zu fragen, welchem Leitmotiv die eigene Gartengestaltung untergeordnet sein sollte. Wer sich für die Nähe von Blumen, für ihre differenzierte Farbigkeit entscheidet, muß andere stimmungsgebende Gegebenheiten aus Gründen der Harmonie möglichst zurückdrängen. Die komplizierten, kunstvollen Details alter französischer Gärten wirken selten unruhig, weil sie fast ausnahmslos von Hainbuchenhecken und dahinter noch mit einer Reihe formal beschnittener Bäume umgürtet waren.

Das Haus und seine Proportionen beeinflussen Stimmung und Aussehen des jeweiligen Gartenteiles, der zusammen mit dem Haus gesehen wird. Wichtig ist aber auch der Blick aus den Fenstern in den Garten. Das Haus sollte verbindlich für das Aussehen und den Stil des Gartens sein, ist es doch Voraussetzung für die Existenz des Gartens.

Der Stil des Hauses

Häuser aus einer bestimmten Stilepoche bedingen häufig eine ganze Reihe von Kompromissen, um heutiges Leben und Arbeiten im gestrigen Rahmen zu ermöglichen. Jemand, der in einem alten Haus wohnt, sollte auch Interesse haben, Modernisierungsmaßnahmen so diskret wie möglich zu treffen, um dem Haus die ursprüngliche Ausstrahlung zu erhalten. Dieses Eingehen auf die Stilmerkmale einer Epoche, in der das eigene Haus entstanden ist, macht dann kundig und sensibel, auch den Garten mit dem Haus in Einklang zu bringen.

In den vergangenen Jahrzehnten hat der Strukturwandel auf dem Lande und das Inbesitznehmen bäuerlicher Häuser durch Städter, die auf den vertrauten Komfort und die gewohnten Lebensweisen verständlicherweise nicht verzichten wollen, dem Bild der Dörfer und ihren Bauten geschadet. Aber auch den Landleuten selbst ermangelte es an Verständnis, Ererbtes, wie die Vorväter taten, zu erhalten. Wen wundert es, daß die Gärten, die um ehemalige Bauernhäuser entstanden, sich vorstädtisch geben.

Zu ländlichen Einfamilienhäusern paßt es gewöhnlich, Obst und Gemüse direkt vor der Haustür wachsen zu lassen und den Hauszugang durch den Garten mit Blumenrabatten zu flankieren. Spalierobst paßt zu allen ländlichen Häusern, selbst zu Landhäusern großen Stiles. Das Lattengerüst selbst, an dem die Bäume gezogen werden, kann als architektonisches Element den individuellen Charakter eines Hauses herausstreichen. Übrigens lassen sich an solchen Spaliergerüsten auch andere, dekorative Pflanzen ziehen. Man denke nur an die aufwendigen Treillagen des Barock, jene vielfältigen Lattengerüste, die man zu richtigen Scheinarchitekturen zusammenfügte. Obstgärten passen auch immer zu ländlichen Häusern, gleich welchen Stiles. Und angesichts der Möglichkeiten, was alles unter den Bäumen blühen kann, kann selbst ein landläufiger Obstgarten ganz individuell ausgestaltet sein.

Der zentrale Hofplatz eines Vierkanthofes, der nun nicht länger landwirtschaftlich genutzt wird, könnte statt der ursprünglichen Dunghaufen ein wunderbares Kräutergärtchen beherbergen. Dies würde der veränderten Situation entsprechen und

Das Gartenhaus und der Garten der Familie Freese im holsteinischen Malente zeigt den Einfluß ostasiatischer Gartenkultur auf. In den in Gruppen plazierten Findlingen, dem gewählten Kontrast von Stein und Holz, wie auch an den Pflanzen ist asiatische Ästhetik unverkennbar.

die Kräuter passen seit altersher in bäuerliche Gärten.

In den Gärtchen süddeutscher Dörfer, deren Häuser sich am Fuß der Berge oder zwischen Hügelkuppen drängen, ist oft nicht sehr viel mehr Platz als für das Suppengemüse. Die Freude am Blühenden wird dafür häufig überzeugend am Haus demonstriert, in Balkon- und Fensterkästen.

Der Mangel an Gartenland wird zuweilen durch alle möglichen Pflanzgefäße wettgemacht, die auf Rampen und kiesigen Vorplätzen, auf dem gepflasterten Gehweg am Haus, stehen. Die Seriengefäße aus Kunststoff mögen Vorteile bieten, aber zu den schlichten Häusern würden soviel besser ausrangierte Holz- oder Steintröge, halbierte Wein- oder Mostfässer passen.

Gar manche Villa aus der Zeit der Jahrhundertwende präsentiert sich in neuem Glanz. Die Erkerchen und Türmchen, das dekorative Fachwerk künden von der Lust am Detail. Liebevoll renoviert, bietet ein solches Haus seinen Bewohnern zeitgenössischen Komfort. Doch vor dem Haus, wo ehedem hinter einem Blumenrondell der Besuch aus dem Zweispänner stieg, ist heutzutage, ganz ungeniert, häufig die Müllbox postiert, oder, kaum besser, ein Normgrill vom Baumarkt. Da kollidiert dann gewissermaßen das traditionsbewußte Wohnverständnis, das durch das Haus zum Ausdruck kommt, mit den Attributen eines heutigen Wohngartens, dessen Besitzer keinen Sinn mehr für Repräsentation haben. Genügt nicht schon ein wenig Überlegung, um die Dinge besser in Einklang zu bringen? Der Grillplatz wie die notwendige Müllbox, können hinter einem Heckenviereck geborgen, den Blicken entzogen werden. Auf alten Fotografien zeigen sich diese Villen meist von Wisterien umblüht oder von wildem Wein bewachsen. Das Sommerblumenrondell hat eine gußeiserne Fassung und ist von einer Yucca oder Keulenlilie gekrönt. Natürlich wäre es unzeitgemäß, dies alles wieder in gleicher Weise vor die Villa bringen zu wollen. Gleichwohl paßt das Rondell stilistisch zur Villa, wie Wisterien, Rhododendren und Kirschlorbeer. In einem solchen Rondell könnten, heutigem Geschmack gemäß, dauerhafte Blatteppiche schwellen. Dies wäre ein gestalterisches Eingehen auf eine stilistische Vorgabe. Das Beispiel mag zeigen, daß es sich lohnt, der Atmosphäre zuliebe, Altes und Neues taktvoll zu verbinden.

Zu der erhabenen Strenge von Häusern mit klassizistischer Gestimmtheit, zu ihren hell getünchten, symmetrisch gegliederten Fassaden, zum Säulenportikus, den dunklen Schieferdächern, passen regelmäßige Baumreihen, Eiben- und Hainbuchenhecken, steingefaßte, geometrische Wasserbecken. Aber ganz gewiß wäre zeitgemäßer Wildwuchs vor dem Haus fehl am Platz, ebenso wie der Abenteuerspielplatz für die heranwachsende Generation.

Die Kugelakazien, die dressierten Linden, die so gut zur geradlinigen Sachlichkeit und Schlichtheit eines Biedermeierhauses passen, man würde sie sich wiederum nicht zu geradlinigen, massigen Betonbauten wünschen, die man lieber hinter wehenden Weidenvorhängen verstecken möchte. Dies allerdings hat weniger mit Stil zu tun als mit Gestaltung.

Ich wüßte nicht zu sagen, wie genau man etwa einem Jugendstilhaus gärtnerisch gestaltend entsprechen könnte. Dies ist, wie in anderen Fällen auch, losgelöst vom konkreten Fall, schwierig. Die Farbigkeit der verwendeten Baumaterialien, ein ausgearbeitetes Detail am Haus selbst, vermögen immerhin Hinweise zu liefern, wie man im Garten der stilistischen Besonderheit entsprechen könnte. Ich würde Kletter- und Schlingpflanzen verwenden und Pflanzgefäße aus getriebenem Metall und ich hätte Lust, Iris und Lilien so zu pflanzen, daß sie sich, wie auf den Bildern des Malers Burnes-Jones in spiegelglattem Wasser reflektierten. Franz Lebisch, der Wiener Architekt, gliederte seine imaginären Gärten zur Zeit des Jugendstils geometrisch. Er gab ihnen kulissenartig plazierte Hecken, aus Treillagen gebaute Wände, breite Treppenfluchten und Pergolen.

Wer die pure Stilisierung sucht, wie die japanische Ästhetik sie bietet, sollte über einen Innenhof verfügen. Ostasiatisch geprägte Gärten sehen in deutscher Landschaft immer so aus, als hätte man sie ihrer wahren Umgebung beraubt. Zur leichten Architektur eines Bungalows dagegen paßt ein fernöstlich inspirierter Garten.

Ich habe in Flandern einige moderne Bungalows gesehen, mit der typischen Frontverglasung, für deren Entwurf das Licht gewissermaßen das Leitmotiv war. Diese Häuser waren mit beschnittenen Hecken im Umfeld verankert. Diese zumeist

Holz ist hier das bevorzugte Material einer Terrassengestaltung von Mien Ruys, die die Gartengestalterin und Gärtnerin Besuchern ihrer Gärtnerei in Dedemsvart in den Niederlanden vor Augen führt. Der gegebene Rahmen ist zurückhaltend genug, um in überschwenglicher Weise eine Sommerbepflanzung darbieten zu können, in einem städtischen Gartenhof oder vor einem Bungalow.

immergrünen Hecken nehmen die Frontlinien oder Hauptachsen des Hauses auf, gliedern, ähnlich wie der Grundriß des Hauses es tut, das Gartenareal in Korridore, Wirtschaftshof, Garagenvorplatz und Blumengärten. Zum Bungalow läßt sich aber auch eine Gartenlandschaft denken, die kontrastierend zum rechten Winkel, schwingende Konturen zeigt und Gehölz- und Staudenpflanzungen in gerundeter Masse darbietet.

Ein Ansatzpunkt für die Neugestaltung wenigstens eines Gartenteiles mag möglicherweise gerade der Umstand sein, alltäglich einen Teil des Gartens vor den Wohnzimmerfenstern präsent zu haben. Ein Beet, das sich nur für ein halbes Jahr ansehnlich zeigt, oder andere Dinge, die unerfreulich ins Wohnzimmer hinein wirken, wird man beseitigen wollen.

Spätestens bei der Frage, was stattdessen und wo den Blicken dargeboten werden soll, beginnt der gestalterische Prozeß. Man betrachtet die Merkmale einer Pflanze, einer Pflanzzusammenstellung, nicht mehr losgelöst von der gegebenen Situation, sondern betrachtet die Dinge aufeinander bezogen. Geschärfte Beobachtungen lassen erkennen, daß alle Dinge im Garten, wie etwa der Terrassenbelag, die Gartenpforte, eine Pergola in der Wirkung von anderen, sie umgebenden Dingen beeinflußt werden. Es liegt nahe, daß die Art des Hauses, ähnlich wie man ja auch Eßgeschirr, Besteck und Tischdecke auf die Möblierung und den Wohnstil abstimmt, den Garten und seine Bepflanzung bestimmen sollte.

Vielleicht kann die Schilderung einer konkreten Situation in meinem Garten besser herausstreichen, was ich meine. Mein Haus stammt aus den dreißiger Jahren und ist Teil einer Gartensiedlung, die vom Hamburger Stadtbaumeister Fritz Schumacher für Arbeiterfamilien konzipiert wurde. Die verhältnismäßig großen Gärten sollten helfen, die Ernährung damaliger, kinderreicher Familien mit Obst und Gemüse aus dem eigenen Garten zu bereichern. Meine Lebenssituation ist anders und der Garten wird von mir auch anders genutzt, trotzdem versuche ich, Milieu und Umgebung nicht außer acht zu lassen. Letztendlich ist mein Haus samt Garten der Siedlung nicht entfremdet, obwohl ich kostbare Blumen im Garten habe und sie gewiß ungewohnt zusammenstelle. Ich könnte mir natürlich eine jener Repliken klassischer Gartenornamentik leisten, um sie als schmückenden Blickpunkt in einem Gartenteil zu verwenden. Dies zu tun, erscheint mir fragwürdig, denn die Replik einer Statue, die ursprünglich in einem feudalen Garten gestanden haben mag, paßt nicht zu einem einfachen Siedlungshaus. Ein dekoratives Objekt mag bewundernswert sein, von künstlerischer Qualität und auch exzellent verarbeitet, sobald es aber im Visavis von Garten und Haus Spannung provoziert, ist es fehl am Platz. Die harmonische Einheit von Haus und Garten ist wichtiger.

Als ich das Haus erwarb, fand sich eine alte, rotlackierte Gartenbank in einem der vielen, überflüssigen Schuppen. So wie sie sich bot, wollte ich sie nicht im Garten haben. Sie wurde zunächst in hellem Ocker neu lackiert, doch ich fand sie immer noch fremd und aufdringlich zwischen meinen Kräutern. Erst als ich mich entschloß, sie abbeizen zu lassen und das Eichenholz vergraut war, konnte das Möbel in meinem Garten heimisch werden. Hätte ich ein Biedermeierhaus mit hell verputzten Wänden, dann vielleicht wäre eine lackierte Gartenbank ganz selbstverständlich gewesen.

Manchmal ist es schwierig und sehr kostspielig, Elemente am Haus zu ersetzen oder stilistisch anzugleichen. Eine neue Haustüre muß funktionieren, aber sie braucht kein abstraktes Kunstwerk zu sein, sondern eben nur eine Tür. Auffällige Detaillösungen sind kein Mittel, um ein einfaches Haus aufzuwerten. Die Detailarbeit hat sich im Gegenteil dem Charakter des Hauses unterzuordnen. Selbst die Wahl von exzellentem Material kann letztendlich ein häßlich proportioniertes Fenster nicht schöner machen. Sich mit dem Ursprung der Dinge, mit der Vergangenheit eines Hauses, dem Baustil und wenn dies nicht ergiebig genug ist, mit regionalen Gepflogenheiten, Baumaterialien zu verarbeiten, vertraut zu machen, hilft, visuelle Probleme besser zu lösen. Neuartiges Material im Garten zu verwenden, ist sicher hilfreich, aber es sollte keine Gedankenverbindungen an traditio-

Eine fröhliche Mixtur: Goldlack, Wolfsmilch und blühendes Barbarakraut lenken im Mai die Blicke auf sich, wenn man sich für eine Ruhepause die alte Gartenbank erkoren hat.

Noch ist der Ausblick auf die schlichte Rückfront dieses Hauses nicht gebührend »gerahmt«, weil es der Eibenhecke rechts vom Weg an Höhe ermangelt, ehe die Heckenschere formgebend zum Einsatz kommen kann. Die Kräuter und Blumen in ihrer zwanglosen Weise jedoch, geben schon die Stimmung an.

nelles Material provozieren, wie Resopalfensterbänke im Haus, die so tun als seien sie aus Marmor, und Beton, der sich wie Ziegelstein gibt.

Boden, Lage und Klima

Die Beschaffenheit des Bodens, das Vegetationsbild der Umgebung, die Lage des Grundstücks, das lokale Klima, liefern erste Anhaltspunkte, wie die künftigen Gartengeschicke gelenkt werden können. Sie zeigen Grenzen und Möglichkeiten auf. Es ist so hilfreich, sich mit diesen grundsätzlichen Dingen vertraut zu machen.

Jemand, der seinen Garten auf einem Hügel pflegt, wird weniger Nachtfröste zu befürchten haben als jemand, der im Tal an einem Bach

gärtnert. Der Garten auf dem Hügel hingegen ist eher windgefährdet. Sandiger, leichter Boden erwärmt sich schnell und ist häufig gut drainiert, dies erleichtert die Kultur trockenheitsliebender Pflanzen. Schwerer, lehmiger Boden hält die Nährstoffe länger und trocknet nicht so schnell aus, dies wiederum begünstigt das Wachstum großblättriger Pflanzen. Heiße Sommer sind auf hügeligen, bewaldeten Grundstücken viel besser zu ertragen als in sonnenflirrender Ebene. Heikle Immergrüne in winterkalten Gebieten zu kultivieren, ist risikoreich. Stadtklima hingegen erlaubt es, Versuche mit Pflanzen von zweifelhafter Winterhärte zu wagen, da Gärten in der Stadt wärmer und geschützter sind als das ländliche Umland. Die wintermilden Gebiete Nordwestdeutschlands und die sauren Böden dort erleichtern die Kultur von Moorbeetpflanzen. Die luftfeuchten Hochlagen und die intensive Sonneneinstrahlung süddeutscher Regionen wiederum begünstigen die Kultur alpiner Pflanzen. Eine Hanglage wird vielleicht teuere Planierungsarbeiten vonnöten machen, aber die unterschiedlich geschaffenen Gartenebenen begünstigen auch unterschiedliche, gärtnerische Vorhaben. Auf ebenem Gelände und einem kleinen Grundstück genügt es meist, eine Gartenebene einen oder zwei Schritte tiefer zu legen, um das Gelände reizvoll zu variieren. Ich finde es falsch, auf einem Hang einen Teich zu installieren, selbst wenn es technisch leicht zu bewerkstelligen ist. Und ich finde es unsinnig, auf kalkigem Boden sich auf die Kultur von Rhododendren versteifen zu wollen, selbst wenn Wagenladungen von eingearbeitetem Torf dies ermöglichen könnten.

Die natürliche Oberflächengestalt eines Grundstückes sollte nicht zu gewaltsam verändert werden. Dies mag einem Lärmgeschädigten, der dramatische Wälle als Schutz aufhäufen möchte, nicht einleuchten. Es kostet viel Geduld, Bausünden und Planungsfehler durch Bepflanzung allmählich zu mildern und ins gewachsene Umfeld zu integrieren.

Oft findet man Gärten, die nicht nur klein, sondern obendrein unregelmäßig geformt sind, so daß man ihnen nur Räumlichkeit geben und Interesse abgewinnen kann, indem man sie noch weiter unterteilt – den ganzen Garten mit einem Blick zu erfahren, wirkt immer langweilig. Ich selbst habe meinen ursprünglich recht gewöhnlichen viereckigen Garten unterteilt in kleinere Gartenräume, ähnlich den Zimmern eines Hauses. Man ahnt, wenn man durch einen Heckendurchlaß sieht, daß jenseits ein anderer Raum liegt, ohne zunächst zu erraten, was sich in ihm findet. Man kann diese einzelnen Gartenräume sehr viel leichter und auch vielseitiger gestalten und intimer bepflanzen, als weitläufige Flächen.

Aber letztendlich kann ein blühender Garten nicht entwickelt werden von jemandem, der nicht gelernt hat, Wachsendes zu erkennen und es wertzuschätzen.

Rotgetuschtes Laub, karminrote, lilafarbene und violette Blumen geben der Pflanzung ihre spezielle Stimmung. Im August und September blühen, vorne beginnend, hinter purpurblättrigen Berberitzen: Fuchsia magellanica 'Versicolor', Erysimum linifolium 'Bowles Mauve'; Aster lateriflorus 'Horizontalis' (links im Bild) zeigt mit rötlich getuschten Blütchen und Knospen den nahenden Herbst an; Echinacea purpurea, die Gladiole 'Lustige Witwe', eine karminfarbene, unbekannte Balldahlie, modulieren die blaustichigen Rottöne. Spektakulären Laubkontrast beschert Phlox paniculata 'Norah Leigh' mit weißvariegierten Blättern. Im Hintergrund blühen Phlox 'Sternhimmel', Polygonum amplexicaule 'Firetail' und die Dahlie 'H. E. Schulz'.

GÄRTNERN, EIN KREATIVER PROZESS

Beziehungen zwischen Besitzer und Garten

Im vorausgegangenen Kapitel wurde auf die Möglichkeiten hingewiesen, die Gärten heute bieten, auf notwendige Rücksichten, die auf Landschaft und Haus genommen werden sollten, sowie auf die Bedingungen, die Klima, Lage, Boden stellen. Hier kommt nun als wesentlicher Faktor der Gärtner selbst, seine Persönlichkeit ins Treffen. An ihm liegt es, die besprochenen Möglichkeiten und Gegebenheiten individuell zu nutzen, zu einem kreativen Prozeß.

Gestaltende Gartenarbeit setzt sich gedanklich-schöpferisch mit den Geschicken des Gartens auseinander und beeinflußt die notwendige, erhaltende Pflege. Erhaltende Gartenarbeit genügt lediglich einer vorgegebenen Routine.

Es wurde bereits festgestellt, daß wir, anders als noch unsere Großeltern, in kleineren Häusern und klein gewordenen Gärten leben. Anders auch als unsere Großeltern, werden wir wahrscheinlich selten einen Gärtner beschäftigen, der sich um die Geschicke unseres Gartens kümmert. Heutzutage leisten sich wohlsituierte Gartenbesitzer eher eine Zugehfrau, eine Küchenhilfe, ja sogar noch eher einen Chauffeur als einen Gärtner. Sie werden, wenn sie Pflanzenfreunde sind, ihre Gartenarbeit alleine tun.

Der Garten ist immer im Wachsen. Die ablaufenden Vegetationsprozesse bedingen stetige Veränderung, meist Quelle unseres Entzückens und unserer Hoffnung, häufig genug aber auch Anlaß zu Resignation und Zweifeln. Gärten kann man nicht sich selbst überlassen, sie fordern einen ständig. Es genügt nicht, ein Grundstück nach einem wunderbaren Plan zu bepflanzen und dann zu warten, daß alles sich zum Guten zurecht wächst. Die Skala an negativen Einflüssen, die unsere Gartenträume verderben, ist groß. Jeder, der schon einmal ein Päckchen Saat der Erde anvertraut und das Heranwachsen der Pflanzen beobachtet hat, wird es erfahren haben.

Zunächst aber hat sich jeder die ganz entscheidende Frage zu stellen: Bin ich Pflanzenliebhaber oder bin ich Gartenliebhaber? Dem Pflanzenliebhaber genügt es meist, viele unterschiedliche Pflanzen oder eine spezielle Pflanzengattung zu besitzen und sie erfolgreich zu kultivieren. Das Gartenglück gipfelt in der Pflanzensammlung. Viele meiner Gartenfreunde sind ausgesprochene Pflanzenliebhaber. Sie sind oft nicht fähig, im Miteinander von Pflanzen eine Komposition zu erkennen oder im farblichen Zusammenspiel von unterschiedlichen Pflanzen eine Qualität an sich zu sehen. Sie gehen meist von Pflanze zu Pflanze, betrachten deren individuelle Merkmale, registrieren den allgemeinen Pflegezustand, während Umliegendes, das außerhalb des ins Auge genommenen Objektes liegt, nicht wahrgenommen wird. Es ist passiert, daß ein Primelfreund zwar alle meine unterschiedlichen Primeln betrachtet hat, aber historische Tulpen und anderes, was »zwei Etagen« darüber blühte, keines Blickes würdigte.

Gartenliebhaber hingegen können eine Zusammenstellung von Pflanzen würdigen und Wechselbeziehungen von Haus und Garten wahrnehmen, aber ihnen genügt es oft, von roten Blüten zu reden, ohne Vorstellung, von welcher Pflanze sie sind. Sie wiederum lassen häufig außer acht, daß bestimmte Pflanzen vom Aussehen her schon eine Zugehörigkeit zu bestimmten ökologischen Bereichen signalisieren, daß zum Beispiel Rhododendren und Rosen gewissermaßen Prototypen zweier gegensätzlicher Welten sind.

Ich selbst bin hin und her gerissen zwischen diesen Polaritäten. Ich finde es langweilig, nur eine

Die Purpurpflanzung in ihrem Juni-Schmuck.
Links beginnend: Hebe 'Simon Deleaux' neben einer knospenden Hemerocallis, die Blütenbälle von Allium christophii vor Rosa gallica 'Versicolor', Blätter von Malva sylvestris ssp. mauritiana, Salvia selarea var. turkestanica und davor, am unteren Bildrand, Erodium manescavii.
Im Hintergrund blühen Geranium psilostemon, Thalictrum aquilegifolium und, die Szene beherrschend, Rosa califonica 'Plena'.

oder zwei Rauten zu kultivieren oder wenige Arten und Sorten bestimmter Pflanzen zu verwenden, wenn es doch so viele aufregende davon gibt. Doch gelegentlich gerät mir die erwähnte Fülle zu einem floralen Chaos. Der Gestalter in mir geht dann zu Gericht mit dem Sammler und Pflanzenliebhaber.

Ein Pflanzenfreund und Sammler, dem die Ästhetik nicht so wichtig ist, das Wohlergehen seiner Pflanzen um so mehr, wird diese nach ökologischen Gesichtspunkten aufpflanzen und kleine Ökonischen schaffen. Trotz Platzmangel wird er bewerkstelligen, daß sich kleine Versatzstücke einer Auvegetation einer Steppenheide oder dem Prachtstaudenbeet benachbart finden. Dies

Kniphofia 'Atlanta' beherrscht im Juni diesen Gartenwinkel, in dem gelbe und mohnrote Blumen mit Laubschmuckpflanzen kombiniert sind, wie mit auffälligen Lilium bulbiferum. Die uralte Bartiris 'Maori King' läßt sich hinter rauchigem Fenchelkraut entdecken. Dahinter, an einem Rasenweg, wird die olivgrüne Hebe ochracea von Erysimum × allionii umblüht.
Am rechten Bildrand zeigt Iris spuria 'Imperial Bronce' eine Blüte. Das pyramidenförmige Klettergerüst im Hintergrund und Geranium himalayense 'Johnson's Blue' ist Teil einer anderen Pflanzung.

erscheint mir gar nicht erstrebenswert. Das enge Beieinander unterschiedlicher Welten schafft Spannung.

Der Pflanzenfreund mag einwenden, im Garten hätten ökologische Gesichtspunkte Vorrang vor ästhetischen. Ich meine, daß ökologische Überlegungen hilfreich bei der Zusammenstellung von Pflanzen sind, aber die enge Nachbarschaft einer Aulandschaft mit einer Steppenheidepflanzung im Hausgarten ist doch etwas komisch. Ich will dem nicht weiter nachgehen. Was ich aber aufzeigen möchte, ist: das eigene Tun und Lassen, die eigenen Vorlieben machen sich im Garten schnell bemerkbar: Einem ordnungsliebenden Menschen wird ein Staudenbeet mit dem zeitweiligen Durcheinander von Stengeln und sich lagernden Blüten wenig Freude bereiten. Er wird seiner Vorliebe entsprechend, Stauden bevorzugen, die sich aufrecht geben oder auf eine Staudenpflanzung verzichten. Selbst wenn der Garten von jemandem anderen geplant und bepflanzt wurde, die Kriterien von Boden, Klima, Lage berücksichtigt sind, wird die eigene spezielle Art zu gärtnern, manche Dinge begünstigen und andere benachteiligen. Die Art wie man düngt, beschneidet, den Winterschutz handhabt, und vieles andere sind Faktoren, die das Erscheinungsbild eines Gartens auf die Dauer beeinflussen.

Wenn Sie wollen, daß Ihr Garten monatelang üppig blüht, dann heißt das, daß Sie nicht nur herausfinden müssen, welche Pflanzen dies tun. Sie müssen darüber hinaus auch die Ansprüche der Pflanzen in Erfahrung bringen. Sie müssen düngen, wässern und aufbinden. Das ist jede Menge Arbeit. Setzen Sie immer den eigenen Arbeitseinsatz in Beziehung zum erhofften Ziel und versuchen Sie dabei, ganz nüchtern und realistisch zu sein. Bei all den Mühen, wie den zu erwartenden Rückenschmerzen, die mit dem Gärtnern einhergehen, sollte man eines nie außer acht lassen: Was nützt es, einen schönen, perfekten Garten zu haben und über die Plagen, die er verursacht, immer mißmutig zu sein? Ich habe selbst lange gebraucht, bis ich begriffen hatte, daß Gartentriumphe ihrer Natur entsprechend mehr oder weniger kurz sind, und daß es im Umgang mit den Pflanzen die Beobachtung und die Imagination, das stete Vorantreiben und Bemühen um die Verwirklichung meiner Gartenträume sind, die mir Freude machen. Das heißt, der Weg muß Freude machen, nicht erst das Ziel. Wie man im Lauf der Zeit lernt, sich selbst zu akzeptieren, so sollte man möglichst mit nicht nachlassender Langmut alle Mißlichkeiten, die der Umgang mit Lebendem bereithält, ertragen – oder sich eine andere Freizeitbeschäftigung suchen.

Wenn Sie schlampig sein sollten, so wie ich, ärgern Sie sich meinetwegen über den Defekt, aber nehmen Sie sich nicht vor, ein teppichartiges Kräuterbeet in geometrischem Muster zu pflegen. Machen Sie Ihre Erfahrungen, Ihre ureigensten Erfahrungen im Garten, die bekanntlich immer den Erfahrungen der Autoritäten widersprechen. Aber seien Sie klug genug, zunächst von dem auszugehen, was die Autoritäten sagen.

Kritik am herkömmlichen Pflanzplan

Ich halte nichts vom traditionellen Pflanzplan, weil er so wenig die Bedürfnisse und Reaktionsweisen vieler Pflanzen berücksichtigen kann und weil viele Leute ihn wie eine verbindliche Rezeptur betrachten. Pflanzen sind nun einmal nicht statisch, und gutes Gärtnern verlangt, flexibel auf stetig sich verändernde Vegetationsbilder einzugehen, die neue Aspekte, gute wie schlechte, bieten.

Besonders Stauden vermehren sich schnell, sie müssen geteilt und verpflanzt werden. Selbst wenn Ihnen in einem Jahr eine Kombination geglückt ist, sollten Sie nicht darauf bauen, daß die Zusammenstellung sich für alle Zeit als gut erweist.

Ich denke an einen strengen Winter der vergangenen Jahre, dem ein Teil meiner Rosenkollektion und vieles sonst, was mir lieb war, zum Opfer fiel. Wie mir, so erging es auch anderen Gartenbesitzern. Ich war überrascht zu sehen, daß meine Gartenfreunde häufig die entstandenen Lücken mit denselben Pflanzen auf gleichem Platz zu schließen trachteten. Der Vorfall mit den Winterverlusten, so mißlich er ist, wirft einen Fragenkomplex auf, den jeder Betroffene sich so oder ähnlich stellen sollte. War die Kombination mit der verlorenen Pflanze exzellent, oder könnte sie verbessert werden? Ist die verlorene Pflanze das Beste, das Geeignetste für die gegebene Situation? Gibt es nicht vielleicht eine schönere, für die Situation besser geeignete Sorte? Oder wäre es nicht sogar besser, aus Gründen eines wünschenswerten Fruchtwechsels, etwas ganz anderes zu pflanzen?

Ich selbst habe die erfrorenen Rosen nicht ersetzt. Ich habe stattdessen kurzfristig reizvolle Experimente mit Annuellen gemacht. Mittlerweile sind die Plätze mit anderen, dauerhafteren Gewächsen besetzt.

Aber selbst mit Gehölzen ist nicht so zu verfahren wie mit den Möbeln in der Wohnung, die so hoch und breit bleiben, wie sie sind. Sie wachsen zuweilen in Dimensionen, die man zuvor nicht ermessen konnte, weil die Reaktionen der Pflanzen auf unterschiedliche Einflüsse nicht immer zu kalkulieren sind und weil unser Vorstellungsvermögen zu schwach ist und weil ein Gartenbild ja auch heute und in zehn Jahren schön sein soll. Also ist Veränderung unumgänglich.

Die Begleitpflanzen profitieren oder geraten ins Hintertreffen, je nachdem, ob der zunehmende Schatten und Wurzeldruck ihren Wachstumsbedingungen entspricht.

Nun mag der Leser fragen, wie ich denn ohne verbindlichen Pflanzplan plane und pflanze.

Dazu ist vorauszuschicken, daß durch einen Gartenplan allerdings das Grundgerüst des Gartens, seine Wegeführung, die Geländestufungen, die Gliederung in einzelne Gartenteile festgelegt sind.

Ich erarbeite mir wünschenswerte Vegetationsbilder für ein begrenztes Gartenareal, stelle Listen mit Wunschpflanzen auf und mit akzeptablen Ersatzpflanzen. Ich nenne das mein Ensemble und achte sehr darauf, daß die Mitglieder meines Wunschensembles komplett bleiben. Natürlich gibt es über die Jahre hin Neuzugänge. Meine Listen vermögen recht gut, wechselnde Moden wie auch persönliche Entwicklungen in Gartendingen aufzuzeigen. Es gibt aber ganz individuelle Pflanzenkombinationen, wie auch Lieblingssorten, die sich bei mir über Jahrzehnte hin halten. Wo aber die Pflanzen auf der gegebenen Fläche stehen werden, wird durch notwendige Wechselbewirtschaftung und die Lebensrhythmen der Pflanzen diktiert. Sei es, daß stark zehrende Stauden den Boden ausgelaugt haben, oder die Primeln, durch ihre Stoffwechselprodukte bedingt, nicht mehr so freudig gedeihen, ein Versetzen notwendig machen. Sei es, daß die Tulpen aus hygienischen Gründen nicht in die gleiche Erde wie im Vorjahr gepflanzt werden sollen, weil sie sonst Raub des

Eine liebenswerte Mixtur einjähriger Sommerblumen blüht zu Füßen von Baptisia australis (blaugrüne Blätter am oberen Bildrand): Rosafarbene Salvia viridis, hochwachsendes Ageratum houstonianum, Lobelia erinus, weiße Iberis umbellata. Lobelia und Ageratum sind sehr viel blauer als die Abbildung dies aufzuzeigen vermag. Artemisia stelleriana mit grausilbrigen Blättern ist zwischen Annuellen zu entdecken.

Tulpenfeuers werden. Zu bedenken ist auch, daß Stauden wie Paeonien oder *Helleborus*, die nicht versetzt werden mögen, möglicherweise von den Nachbarpflanzen bedrängt werden.

Das feste Ensemble, also alle meine wünschenswerten Pflanzen auf der Gartenbühne, werden variabel eingesetzt.

Ich mache mir übers Jahr hin Notizen zu den beobachteten Vegetationsbildern. Wenn sich zum Beispiel eine Lilienhybride als spätfrostgefährdet erweist, oder die Asternsorte 'Crimson Brocade' öfter vom Mehltau befallen wird, heißt es dazu in meinen Notizen: »*Lilium* 'Black Beauty' versetzen (spätfrostgefährdet). *Aster* 'Crimson Brocade' durch andere Sorte ersetzen! (welche andere spätblühende Staude wäre als Alternative denkbar?)« Ich notiere auch Einfälle, so zum Beispiel, daß ich mir zu meinem gelbgrünen *Milium effusum* als Partner *Erythronium* 'Pagoda' wünsche. Darüberhinaus stelle ich zweimal im Jahr eine Arbeitsliste auf. Darauf steht, wohin ich meine Pflanzen dirigieren möchte. Ein rotes Häkchen nach der Eintragung sagt mir dann, daß die erwünschte Veränderung von mir erledigt wurde.

Durch meine gartenjournalistische Arbeit bekomme ich unterschiedliche Gärten zu sehen. Ich notiere mir deren Pflanzenschätze, etwa eine mir unbekannt gebliebene Pflanze, aber auch reizvolle Pflanzkombinationen. Ich versuche auch, Hinweise zur Kultur der Pflanzen von den Besitzern zu bekommen und notiere sie.

Der übliche Pflanzplan mag bei einer Neupflanzung helfen. Er kann, dies sollte man nicht vergessen, nur Anstoß sein für ein zu entwickelndes Vegetationsbild, das im Garten vorangetrieben wird und nicht ein für allemal auf dem Papier festgelegt ist. Die Veränderung, die Vegetationsprozesse des Heranwachsens, des Reifens und Absterbens, geht bei Gehölzen langsamer voran als bei den krautigen Gewächsen. Gerade das ist ja ein Grund, warum Gartenbilder sich verändern. Die Gewichte verschieben sich.

Ein frühsommerliches Ensemble von Laubschmuckpflanzen und Blütenstauden. Vorne, links beginnend: Ein Polster Thymus serpyllum 'Coccineus', dahinter Pulsatilla vulgaris 'Rote Glocke' mit ihren Samenständen, Sedum spurium 'Fuldaglut', Viola nigra, blauviolette Viola Cornuta-Hybriden, Pelargonium regale 'Lord Bute'. Rechts neben einem Irishorst blühen Knautia macedonica und die Penstemon-Hybride 'Catherine de la Mere'. Im Mittelteil des Bildes, links beginnend: Knospende Dianthus-Hybriden zusammen mit weißpanaschiertem Arrhenatherum elatius ssp. bulbosum 'Variegatum'. Die purpurlaubigen Berberitzen im Zentrum werden flankiert von Salvia nemorosa 'Blauhügel'. Dahinter entfalten sich Blütenstände von Allium christophii. Im Hintergrund Iris 'Pink Plume' zwischen Hebe 'Simon Deleaux' und Salvia nemorosa 'Mainacht'. Unteres Bild: Blütenstand von Symphytum caucasicum.

Die gemischte Pflanzung

Im Englischen wird das, was ich als gemischte Pflanzung bezeichnen möchte, »mixed border« genannt. Ich mag die Begriffsformen Beet und Rabatte hier nicht gerne, weil man damit kleinere Pflanzflächen von geometrisch definierter Formgebung assoziiert.

Man geht um Beete herum und man geht nicht in sie hinein. Das Wort Pflanzung ist nicht vorbelastet. Eine Pflanzung kann jede beliebige Form haben und man kann darunter auch einen gestalteten Raum verstehen von beliebiger Größe.

Eine gemischte Pflanzung bedeutet für mich eine Zusammenstellung von Stauden aller Art, kombiniert mit Koniferen und laubabwerfenden Gehölzen mittlerer Größe. Je nach Situation kann die gemischte Pflanzung einem Baum, einer Baumgruppe, einer Gruppe hoher Gräser, wie Bambus oder auch einem architektonischen Gartenelement (Mauer, Sitzplatz, Pergola, Wasserbecken) zugeordnet sein.

Die gemischte Pflanzung ist gewissermaßen eine Weiterentwicklung der vertrauten Staudenrabatte. Die Zusammenstellung von Stauden hat sich in diesem Jahrhundert zu einer gärtnerischen Kunstform entwickelt, und die Staudenrabatte war lange Zeit ein bevorzugtes Detail gärtnerischen Gestaltens. Staudenrabatten werden entworfen und bepflanzt, um prächtiges Blühen in konzentrierter Form darbieten zu können. Dieses Blühen über Monate hin zu gewährleisten, ist ein schwieriges, arbeitsreiches Unterfangen. Ich meine, daß diese Form der Pflanzenzusammenstellung nicht befriedigend ist, besonders nicht in den kleiner gewordenen Gärten heutiger Tage.

Die große Staudenrabatte in Gertrude Jekylls ehemaligem Garten zu Munstead Wood in Surrey, war an die siebzig Meter lang und fast fünf Meter tief. Sie wurde so komponiert, daß sie drei Monate lang ansehnlich blieb. Dort wurden durch Mithilfe mehrerer Gärtner die Pflanzen betreut, wurden hochgebunden oder auch niedergebeugt und Topfpflanzen wurden dazwischen gesetzt, um die Farbgestaltung bis in den Spätsommer zu erhalten. Ich will Gertrude Jekylls Leistung durchaus nicht schmälern, die in ihrer Zeit revolutionär war und sich der Entwicklung gärtnerischen Gestaltens als so förderlich erwies. Was immer Gertrude Jekyll in die Hände nahm, hatte das Moment des Künstlerischen. Aber, unsere Zeit und unsere gärtnerische Ausgangssituation ist eine andere.

Stauden sollen, so wird immer empfohlen, breitflächig gepflanzt werden. Hat eine Rabatte aber lediglich eine Breite von zwei Metern, dann erweist sich das lediglich mit Stauden bepflanzte Areal von Charakter und Substanz als sehr dünn. Die Freuden eines Blumenbeetes sind meiner Meinung nach ohne ausgesuchte, benachbarte Blätter und die Wuchsform von Gehölzen nicht auszuschöpfen. Das enge Beieinander von Strauch und Staude in einer gemischten Pflanzung hat zwar zuweilen den Nachteil, daß die eine oder andere Kategorie benachteiligt wird. Stauden sind in der Lage, sich in wenigen Wochen vom Nichts zu voluminöser Üppigkeit zu entwickeln. Ein strauchiger Nachbar kann da schnell ins Hintertreffen geraten. Wiederum können etablierte Sträucher den Stauden unterirdisch das Leben erschweren, ihnen das Wasser und die Nahrung rauben.

Natürlich kann ich mit meinen Anregungen keine Patentlösung bieten, die prächtiges Blühen über einen langen Zeitraum, mit geringem Arbeitseinsatz, garantiert. Gutes Gärtnern ist, meiner Erfahrung nach, immer mit Mühen verbunden.

Ich versuche, eine Pflanzung von Ende April bis Ende Oktober durch Verwendung von Annuellen, Zwiebelblumen und nicht winterharten Gewächsen attraktiv zu halten. Ist ein Beet ausreichend tief, kann man die zu verschiedenen Jahreszeiten blühenden Pflanzen wie Kulissen vor und hintereinander aufbauen. Das jeweilig Unansehnliche wird dabei von den Pflanzen in ihrer besten Entwicklungsstufe kaschiert.

Das Rot einer Zierquitte wird durch die Vorpflanzung zu anderer Jahreszeit dargeboten und variiert. So im August durch scharlachrote Crocosmia × crocosmiiflora 'Spitfire', Hemerocallis 'Sammy Russell', Kniphofia 'Royal Standard' und Zinnia 'Perserteppich'. Einen prächtigen Formkontrast setzen die Blätter der Canna-Hybride 'Golden Wonder', die im Vordergrund von Sedum telephium ssp. maximum 'Atropurpureum' und Cuphea cyanea begleitet und umflort wird. Die Cuphea wird alljährlich durch Stecklinge vermehrt.

Ich plane, pflanze und entwickle Vegetationsbilder für unterschiedliche Situationen und unterschiedliche Größenausdehnung. Diese Gruppen von aufeinander abgestimmten Pflanzen für eine bestimmte Situation, etwa ein schmaler Saum am Fuß des Hauses, die Unterpflanzung eines Gehölzstreifens, lassen sich kaum mehr in die vertraute Kategorie Beet und Rabatte einordnen.

Bei der Komposition einer Pflanzung muß man zunächst das eigene Thema, den gegebenen Maßstab und das im Auge behalten, was zu Beginn des Buches über die Beziehungen zu Haus und Landschaft gesagt wurde.

Ich finde die Höhenstaffelung, wie sie gewöhnlich in Staudenrabatten zu sehen ist, stereotyp. Der Aufbau der Einzelpflanze, und der Eindruck, den sie für sich allein oder als Gruppe hervorruft, wird dabei ganz außer acht gelassen. Achtet man aber auch auf die Blätter und Wuchsbilder, dann stellt man von vornherein auch Blütenstauden anders zusammen. Prachtstauden wie *Phlox*, Rittersporn, *Helenium* usw. sind vom Habitus nicht sonderlich bemerkenswert. Man verwendet sie, weil sie so prächtig blühen. Sie blühen aber allesamt nur kurz und somit braucht man anderes, das die von den Blüten aufgezeigte Farbstimmung weiterführt, bereichert und ergänzt. Pflanzen wie Funkien, Bergenien, das Chinagras, sind durch ihre eindrucksvolle Form mindestens so wichtig, wie die prächtigsten Blüher. Darüberhinaus wird ein deutlicher Formakzent nötig sein. Das mag ein laubabwerfendes Gehölz, eine Konifere als Einzelexemplar oder als Gruppe sein, um der beabsichtigten Pflanzung die erwünschte permanente Struktur und den optischen Halt zu geben.

Ist das anvisierte Ziel, das Blühen herauszustreichen, dann müssen natürlich die beigebrachten Teile die Wirkung der blühenden Pflanzen betonen und nicht von ihnen ablenken. Sträucher, die allgemein gut mit Blütenstauden zu kombinieren sind, wären neben anderen: *Buddleja*, Hortensien, *Hypericum*, *Potentilla fruticosa* und ihre Hybriden, *Philadelphus*, *Cornus alba* und *Weigela* in buntblättrigen Varietäten. Wenn also der gemischten Pflanzung durch ihre Leitpflanzen das Farb- und Formthema gegeben ist, läßt sich die farbliche Differenzierung durch Hinzufügen von weiteren Stauden, von Zwiebelblumen und Annuellen, vorantreiben. Als

Ein spektakulärer Form- und Farbkontrast ergibt sich aus der Kombination der bandartigen, lebhaft gelbvariegierten Blätter von Hakonechloa macra 'Alboaurea' mit den blaugrünen Blättern von Hosta × tardiana 'Halcyon'. Beide vermögen die Eigenart der anderen Pflanze herauszustreichen durch ihre Gegensätzlichkeit.

Gärtner hat man darauf zu achten, welche Pflanzen sich dem gegebenen Klima und Boden gemäß, verwenden lassen.

Bei der Auswahl beginnt man vielleicht mit Pflanzengattungen, die man besonders gern hat, um den Assoziationsstrom so richtig in Schwung zu bringen, zum Beispiel mit Rittersporn und Lilien als beherrschende Blumen für den Juli. Man fährt fort und betrachtet alle möglichen Pflanzen, die geeignet wären, im gegebenen Rahmen das Blühen der beiden zu steigern oder in ähnlicher Farbigkeit zu anderer Jahreszeit fortzusetzen.

Vielleicht geht man auch von einer Pflanze aus, die man ihrer dekorativen Eigenschaften wegen schätzt. Ich nehme als Beispiel die Artischocke, deren skulptural wirkende Blattrosetten ich schon vor der Blüte bewundere. Der formalen Wuchtigkeit dieser Pflanze, dem delikaten Grausilber der Blätter und dem Blaupurpur der Blüten zu entsprechen, würde ich zunächst nach Sträuchern suchen, die wie die Artischocke schutzbedürftig sind und vielleicht sogar zur gleichen Zeit blühen. An blaublühenden Sträuchern für den Spätsommer gibt es eine harte Säckelblume, *Ceanothus* 'Gloire de Versailles' und die Bartblume, *Caryopteris clandonensis*. Auch der Straucheibisch, *Hibiscus syriacus* blüht zur gleichen Zeit. Ich mag das verwaschene Blauviolett des *Hibiscus* nicht sonderlich und vielleicht wäre es besser, stattdessen eine weiße oder rosafarbene Sorte zu wählen. Wenn genug Raum vorhanden wäre, würde ich wohl die blauviolette Sorte nehmen aber noch eine weiße dazugesellen. Diesem imaginären Stelldichein lassen sich dann weitere blaublühende Pflanzen für den trockenen, sonnigen Standort hinzufügen. Vielleicht moduliert man die Blütenfarbe und ergänzt mit kleineren Partnern, wie *Agapanthus*, und zwar den harten Headbourne-Hybriden, die sich sommers mit auffälligen blauen Blütenköpfen schmücken. Die Blattkissen von *Veronica spicata* ssp. *incana* würden eine hübsche Fassung und Unterpflanzung der Gruppe abgeben. Wer keine Mühe scheut, mag darüber hinaus den mexikanischen Enziansalbei, *Salvia patens* aus Samen heranziehen und Mitte Mai auspflanzen. Möglicherweise wartet man mit dem Auspflanzen, bis man die Tulpen gerodet hat, die im Mai zusammen mit den Artischockenblättern eine überzeugende Gruppe bilden könnten.

Welche Tulpen? Nun, ich würde hellgelbe und weiße nehmen, oder, ganz dramatisch, die fast schwarzen Tulpen dabei haben wollen. Der Flor der Tulpen könnte durch Bartiris fortgesetzt werden, in gleicher Farbigkeit oder in anderer. Angenommen, die Unterpflanzung mit *Veronica* erwiese sich als zu dürftig, dann könnte noch die herbstblühende blaue *Ceratostigma plumbaginoides* beigegeben werden. Wer hingegen ein weiteres architektonisch-formales Moment für wünschenswert erachtet, könnte die Rosetten von *Yucca* als Erweiterung ins Spiel bringen. Ich bekomme richtig Lust, diese Zusammenstellung im eigenen Garten zu erproben, aber meine Plätze dort sind schon besetzt.

Dieses Beispiel einer Planung soll aufzeigen, wie ich versuche, das Miteinander der Pflanzen und ihre Wechselwirkung zu ermessen. Zum Schluß ein Appell: Vermeiden Sie jene Zusammenhanglosigkeit, die so oft die Blumengärten beherrscht und versuchen Sie, wenn Sie pflanzen, die Einzelteile zueinander in Beziehung zu bringen. Wer sich darin übt, der wird sich kaum länger mit irgendwelchen krautigen Staudenmassen zufrieden geben, die irgendwann einmal im Sommer vielleicht sogar ein Farbfeuerwerk bescheren. Wie gesagt, es gibt Erfreulicheres.

Über den Wert individueller Gartenerfahrungen

Ich weiß, daß ich manche Pflanze im Garten nicht kultivieren sollte, weil das gegebene Klima oder die mangelnde Winterhärte eigentlich dagegen sprechen. Aber ich tue es trotzdem und ich meine, daß ich eher experimentierfreudig als sadistisch veranlagt bin. Ich hatte manche Pflanze und habe manche immer noch im Garten, weil es mich reizt, herauszufinden, wie weit sie zu »überreden« ist, es mit mir und in dem Lokalklima auszuhalten. Fordert irgendwann ein besonders harter Winter seinen Tribut, hadere ich weder mit mir selbst noch mit dem Klima. Der Verlust ist schmerzlich, gewiß, aber letztendlich sind auch wir sterblich und nichts ist von Dauer. Ich will den Leser mit diesem Bekenntnis nicht verführen, ähnliche Wagnisse einzugehen, ihn aber ermuntern, ureigenste Gartenerfahrungen zu machen, das heißt, mit den Pflanzen zu leben und sie zu beobachten und danach das gärtnerische Tun den Beobachtungen gemäß zu verändern. Angenommen, Ihr Boden ist so dürftig wie meiner, dann finden Sie heraus, was Sie alles auf diesem Boden, in Ihrem Garten kultivieren können. Reichern Sie den Boden mit Humus an, mulchen Sie. Doch akzeptieren Sie, ohne allzu gewaltsame Eingriffe, die gegebene Situation. Ein sandig-saurer Boden zwingt zu spezieller Bepflanzung. Der zunächst als Mangel empfundene Umstand kann Ausgangspunkt werden für eine sehr persönliche Bepflanzung, die sich als Vorzug erweist. Es ist der Mühe wert, offensichtliche Mängel, die ein Gartengelände bietet, darauf zu untersuchen, wieweit sie nicht Anreiz geben für eine besonders individuelle Gestaltung. In ästhetischen Dingen hingegen sollten Sie gegenüber Ihrem eigenen Empfinden unerbittlich sein.

Wenn Ihnen die Blütenfarbe oder der Habitus einer Pflanze mißfällt, haben Sie den Mut, sie zu entfernen, auch wenn sie teuer war. Probieren Sie Pflanzkombinationen aus, auch wenn sie zunächst fragwürdig wirken, denn manchmal kommt man über Umwege zum guten Ziel. Wenn eine Pflanze, den günstigen Voraussetzungen zuwider, nicht gedeihen will, versuchen Sie es erneut an einem anderen Platz mit einem anderen Exemplar der gleichen Pflanze. Versuchen Sie dabei immer herauszufinden, weswegen irgendetwas nicht geklappt hat.

Zu lernen, immer wieder zu lernen ist wunderbar, es zeitigt in buchstäblicher Bedeutung reiche Frucht und Blüte.

Besuchen Sie, wo immer dies möglich ist, Gärten. Man lernt soviel schneller, wenn man vor Augen hat, woran andere sich erfreuen und was sie dafür tun.

Man sagt, über Geschmack lasse sich nicht streiten. Vielleicht ist das so? Man wird mir aber sicherlich recht geben, wenn ich sage, daß die intensive Beschäftigung mit Pflanzen und Pflanzenkombinationen das Wissen und die Sichtweise darüber beeinflussen und entwickeln werden. Und ein fortentwickelter, kultivierter Geschmack ist in vielerlei Hinsicht erfreulich.

In nebenstehendem Bild beherrscht Gemüse die Szene, die Variante des Mangolds (Beta vulgaris) namens 'Feurio'. Die Blütenstände des benachbarten Allium carinatum ssp. pulchellum in rosiger und weißer Variante geben sich wie Miniaturfontänen. Fuchsia 'Flash', rotblättrige Melde und Sedum spectabile 'Brillant' ergänzen das frühherbstliche Pflanzenensemble.

FARBE UND FORM IM GARTEN

Harmonien und Kontraste mit Farben und Formen

Farbe ist eine sehr persönliche Sache. Unsere Farbvorlieben werden beeinflußt von Gedankenverbindungen, Vorurteilen und auch von den gerade geltenden Moden. Allein von dem sprachlichen Begriff »Rot« ist, je nach individuellen Erinnerungen und Erfahrungen, eine ganze Bandbreite verschiedener Rottöne vorstellbar. Man bevorzugt unterschiedliche Farben zu verschiedenen Lebensabschnitten. Junge Leute haben meist eine ausgesprochene Vorliebe für intensive, reine Farben, also für erregende und ermunternde Farben; ältere Leute hingegen bevorzugen meist sanfte, beruhigende Farbtöne. Ich wundere mich aber doch über manche meiner Gartenfreunde, die mit Sorgfalt die Farben ihrer Wohnungseinrichtung aufeinander abstimmen, sich auch so kleiden, daß Schuhe und Anzug, Schmuck und Kleid aufeinander abgestimmt sind, manchmal sogar mit sehr viel Geschick, daß sie aber im eigenen Garten alle erdenklichen Farben nebeneinander ertragen. Offenbar schreckt sie die Vorstellung, auf die eine oder andere Farbe dort verzichten zu müssen. Darauf hin angesprochen, bekomme ich häufig zu hören: »Die Farben in der Natur harmonieren immer.« Ich bedauere, sie tun es leider nicht. Außerdem haben ein Garten und die darin verwendeten Farben nicht eher etwas mit der Kultur zu tun?

So flüchtig Farbe im Garten auch sein mag, so erscheint mir, wie beim Malen eines Bildes, der Umgang mit Farbe und Form beim Bepflanzen eines Gartens gleichermaßen wichtig. Warum nicht mit Baum und Strauch, mit allen Pflanzen im Garten, umgehen wie mit einer Bildkomposition? Farben und Formen werden zueinander in Beziehung gebracht, kontrastiert oder harmonisiert, um, wie beim Malen Harmonie, im Garten eine ausgewogene Gestaltung zu erzielen. Da man mit Farben und Formen arbeitet, sollte man deren Kontraste und Harmonien betrachten.

Pflanzformen als Formkontraste

Manche Pflanzen haben eine so ausgeprägte Wuchsform, daß sie im Garten wie eine Skulptur wirken können. Besonders Gehölze geben durch ihr Formspiel dem Garten sein gültiges Aussehen. Sie führen das Auge nach oben, geben auch kleinen Gärten ihre räumliche Wirkung, die mit ihrem Übermaß an Stauden leicht flächig wirken. Häufig ist bei der Wahl eines Gehölzes lediglich ein prägnantes Merkmal, etwa die auffällige Blüte oder der Fruchtbehang, der ausschlaggebende Punkt, das Gehölz zu pflanzen. Die Ausstrahlungskraft einer Pflanze läßt sich aber nur durch die Summe aller Einzelteile ermessen. Es ist wichtig, gerade Gehölze als Wuchsform im Garten oder Park zu erleben, um ihre architektonischen Qualitäten erfassen zu können. Die einzelnen Wuchsformen haben auch unterschiedliche Ausstrahlung. So werden die sogenannten »Trauerformen« der Gehölze mit den Schleppen aus Zweigen und einer schirmartigen Krone als elegant empfunden. Säulen- oder kegelförmige Wuchsbilder wirken immer als starke Akzente. Gerundete Wuchsformen sind ein willkommener Kontrast zur Architektur wie zum horizontalen Liniengefüge von Mauern, Zäunen, Hecken. Gehölze mit waagrecht gestelltem Astwerk wie auch Hängeformen vermögen, an Böschungen gepflanzt, die Vegetation unterschiedlicher Ebenen optisch miteinander zu verbinden.

Man verwendet Gehölze mit bestimmender Wuchsform gerne als Paar und symmetrisch, um einen Durchblick zu markieren oder den Hauseingang hervorzuheben. Die Wiederholung solch spezieller Wuchsformen, die Reihung, ist ein ver-

In einem neuangelegten Kräutergärtchen in Alderley Grange beherrschen eine Steinurne und vier beschnittene Ligusterbäumchen das Zentrum. Sie geben der Überfülle aromatischer Pflanzen einen optischen Halt. Neben den vielen Schmuckformen kulinarischer Kräuter beherbergt das Gärtchen altmodische Nelkensorten und blattduftende Pelargonien.

In der zauberhaften Gartenanlage von Walenburg in den Niederlanden wird diese Vista auf eine entfernt plazierte Skulptur durch beschnittene Eibenkegel akzentuiert. Das Getümmel an Sterndolden, Frauenmantel, Glockenblumen, gibt die Stimmung romantischen Wildwuchses.

bindendes, rhythmisierendes Gestaltungselement. Das Auge folgt bereitwillig dem suggestiven Rhythmus sich wiederholender Formen. So diente die klassische Avenue dazu, Haus und Garten in der Landschaft hervorzuheben, oder das Haus, als Endpunkt einer Vista, raffiniert zu rahmen. Auf heutige Gartendimensionen übertragen, läßt sich etwa eine Gartenbank, ein Pflanzgefäß auf dem Sockel, eine Skulptur in dieser Weise rahmen.

Das natürliche Wachstum von Gehölzen, so möchte man glauben, bietet die überzeugendsten Formen. Manchmal jedoch ist es gerade ein beschnittenes Gehölz oder eine Hecke, die Freiwachsendem gegenübergestellt sind, die als belebender, erfreulicher Kontrast empfunden werden.

Der Kempenhof bei Domburg gehört zu den gerühmten Gärten Zeelands. Mevrouw van Bennekom hat ihren Garten mit künstlerischem Auge und gärtnerischem Sachverstand vervollkommnet. Hier teilt ein schwingender Pflasterpfad eine Staudenpflanzung, in der üppiges Blühen und kontrastierende, aufeinander abgestimmte Strukturen geboten werden. Die beschnittenen Buchskugeln betonen die räumliche Dimension und gliedern die Pflanzung.

Slot ter Nisse, der bewundernswerte Garten der Familie Poley, zeigt unterschiedlich bepflanzte, durch beschnittene Hecken gegliederte Gartenräume. Hier gewährt ein Eibenportal den Ausblick auf eine Skulptur des Bildhauers Hein Vree im benachbarten, gepflasterten Gartenhof.

Der Formschnitt der Gehölze gehört seit altersher zum Gestaltungsrepertoire europäischer Gärten. Buchen, Linden, Hainbuchen, Eiben als beschnittene Einzelformen wie als geschnittene Hecken bieten effektvolle Formkontraste. Sie sind neuerdings als Gartenschmuck wieder sehr gefragt. Die dichte Belaubung oder Benadelung läßt die Form statisch und fest wirken.

Die Häufung individueller Blattformen schafft Strukturen. Auf waagrechter Pflanzfläche wie auch senkrecht an Mauern, Zäunen, Pergolen lassen sich vielfältige Blattstrukturen darbieten. Schon allein der Gegensatz von einem regelmäßig gemähten Grasweg zu ungeschnittenem Gras ist ein simples Mittel struktureller Gestaltung, wie es manchmal in englischen Baum- oder Obstgärten bewundert werden kann. Die Verwendung bodendeckender Stauden und der Gehölze kann man erfindungsreich variieren. Durch Verwendung der gleichen Pflanze zwischen anderen, etwa links und rechts einer Zufahrt, können getrennte Gartenteile dennoch verbindenden Zusammenhalt erfahren. Oder, durch eine Schneise kontrastierender Blattstrukturen läßt sich eine Fläche optisch verkleinern und zu kleineren Arealen gliedern.

Farbwirkungen

Vielleicht ist es ratsam, die Farben des Lichtspektrums zu betrachten, denn alle wichtigen Farbkontraste werden davon abgeleitet. Schließt man den Farbverlauf eines Regenbogens (die Aufspaltung des Lichtspektrums) zu einem Kreis, so ergeben dessen Komponenten Rot, Orange, Gelb, Grün, Blau, Violett, Rot... eine gleichmäßige Abstufung einer Farbe zur nächsten. Weiß und Schwarz fehlen; genaugenommen sind dies keine Farben, lediglich absolute Werte von Helligkeit und Dunkelheit. Grau ist gewissermaßen ein Mittelwert. Eigentlich gibt es nur drei Hauptfarben: Gelb, Rot, Blau. Alle anderen Farben sind Mischungen aus diesen (Gelb mit Blau gemischt ergibt Grün, Rot mit Blau ergibt Violett usw.).

Der Komplementärkontrast

Farben, die zusammengemischt Grauschwarz ergeben (auf dem Farbkreis stehen sie sich gegenüber, etwa Gelb und Violett, Rot und Grün, Blau und Orange), nennt man komplementäre Farben. Man empfindet sie gefühlsmäßig als angenehm und verwendet sie häufig ganz unbewußt zusammen. Das Auge hat das Bedürfnis, die Farben zu ergänzen. Starrt man auf eine bestimmte Farbe, zum Beispiel auf Orange, und blickt man danach auf ein Stück weißes Papier, so nimmt man das komplementäre Blau wahr. Auch nebeneinanderliegende Farben, sie brauchen nicht zu kontrastieren, beeinflussen sich gegenseitig. Rote Blumen wirken zwischen blaugrünen Blättern wärmer und feuriger als sie sich, von benachbarter Farbe isoliert, geben würden. Letztendlich ist es also unerheblich, wie dann eine Farbe »tatsächlich« ist.

Der Hell-dunkel-Kontrast

Er variiert gleichermaßen das Erscheinungsbild der Farben. Schwarz als absoluter Wert von Dunkelheit ist im Garten bei Pflanzen kaum anzutreffen. Die Oberfläche einer »schwarzen« Tulpe absorbiert nahezu alle Lichtstrahlen, erscheint deswegen so dunkel. Weiße Blüten hingegen reflektieren die Lichtstrahlen. Weiß und sehr helle

Farben schwächen die Leuchtkraft einer Farbe und lassen benachbarte Farben dunkler und gewichtiger erscheinen. Schwarz und sehr dunkle Farben lassen benachbarte Farben heller, leichter und leuchtender erscheinen. Grau entspricht einem Mittelwert. Es spielt eine vermittelnde Rolle und ist neutral, es erhält durch die benachbarten Farben speziellen Farbcharakter.

Der Qualitätskontrast

Er bewirkt, daß eine beliebige Blütenfarbe, vielleicht Rosa, neben stumpfem Blattgrün oder neben einer anderen matten, stumpfen Blütenfarbe leuchtend empfunden wird. Die gleiche Farbe wird hingegen neben einen leuchtenderen Ton gestellt, matt und stumpf erscheinen. Eine matt rosafarbene Blume wird also vor dem stumpfen Grün einer Eibenhecke leuchtender erscheinen. Das gleiche Blütenrosa hingegen wird zwischen weißen Blüten oder vor glänzenden, das Licht reflektierenden Blättern matt erscheinen.

Der Quantitätskontrast

Er bezieht sich auf das Mengenverhältnis von zwei oder mehreren Farbflecken. Soll sich ein helles Gelb zwischen gleich hellen Farben behaupten, muß es eine größere Ausdehnung haben als zwischen dunkleren Farben. Um eine hellgelbe Tulpensorte zwischen hellrosafarbenen zur Geltung zu bringen, muß man die hellgelben Tulpen in größerer Anzahl pflanzen als zwischen dunkleren roten Tulpen.

Feine Behaarung läßt Blätter grausilbrig erscheinen, obwohl sie grün sind. Die gekreppten Blütensepalen von *Clematis orientalis* lassen das Blütengelb matter wirken als ein glänzendes Blütenblatt einer Lilie. Die matte, papierartige Beschaffenheit einer Zinnienblüte wird ein Blütengelb anders zur Geltung bringen als die kristallin-aufblitzenden Irisblüten. Manche reinblauen Blumen, wie Rittersporn, wirken durch gelbliches Lampenlicht düster violett.

Gestaltung mit Farben

Zuweilen gibt es in Katalogen und Gartenbüchern Farbpläne für Beetbepflanzungen. Da ist dann ein Kästchen blau für Rittersporn, ein anderes orange für *Helenium* und so fort. Dabei wird aber meist ganz außer acht gelassen, wie stark die Farbe tatsächlich zur Geltung kommt, und daß zu jeder Blumenfarbe das umgebende Grün der Blätter gewissermaßen »gratis« mitgeliefert wird. Eine Blütenfarbe braucht im Garten notgedrungen sehr viel mehr Ausdehnung, um zur Farbsättigung zu gelangen als ein Farbklecks auf dem Papier. Ich glaube, man muß sich sehr viel deutlicher vor Augen führen, daß Grün im Garten die wesentlichste Farbe ist und nicht nur unvermeidliche Zutat. So betrachtet, entdeckt man die Blätter als erfreuliches Gestaltungspotential. Sie sind ja auch nicht nur grün. Viele Pflanzen haben purpurne, goldgelbe, weißbunte, silbergraue, grünblaue Blätter. Und diese Blattfarben halten sich viel länger als die Blütenfarben.

Durch die Einbeziehung der Blattfarbe lassen sich manche Blumenfarben, wie zum Beispiel Gelb, das mit gelbgrünen Blättern benachbart wird, auf kleinerem Raum kräftiger herausstreichen. Die Ton-in-Tonmodulation verhilft jeder erwählten Hauptfarbe zu einer variationsreichen Sättigung. Die genannte Gelbvariation oder Modulation ergibt sich aus Harmonien. Harmonien im farbtechnischen Sinn sind nichts anderes als Farben, die nahe verwandt sind, weil sie ein Pigment, einen Anteil an Farbe, gemeinsam haben.

Allgemein sind deshalb reine Farben nicht leicht zu harmonisieren. Durch Modulation der reinen Farbe zu ihren Zwischentönen läßt sie sich besser einfügen. Als hilfreiche Regel läßt sich sagen, daß drei Farben und deren Modulationen genug sind, einen Garten spannungsreich und zugleich harmonisch zu gestalten. Immerhin ist da ja noch die Möglichkeit, in getrennten Bereichen oder zu verschiedenen Jahreszeiten andere Farben zu verwenden. Wichtig ist nur, daß man nicht alle erdenklichen Farben gleichzeitig im Blickfeld hat.

Selbst ein Garten oder eine Rabatte in nur einer Blütenfarbe ist nicht langweilig. Die notwendigen Kontraste können aus den Blattformen, den ver-

Komplementäres Rot-Grün ist immer ein Blickfang. Doch selbst ohne die warmroten Blütentrompeten von Crocosmia masoniorum wird durch ihre schwertförmigen Blattfächer ein deutlicher Akzent gegeben. Benachbart sind: Aquilegia formosa-truncata, Euphorbia griffithii 'Fireglow', Carex elata 'Bowles Golden', Hemerocallis 'Banbury Cinnamon' und Pleioblastus viridistriata. Crocosmia masoniorum sollte vorsorglich Winterschutz durch Laub und Nadelstreu erhalten.

Eine Sektion in Ineke Greves Gartenanlage Huys de Dohm in Heerlen, Niederlande, ist ausschließlich weißblühenden Pflanzen gewidmet. Vor dunklem, stützendem Eibengrün kommt feingliedriges Blattwerk in Grün und Grau wie die Vielzahl ausgesuchter, weißer Blumen bestens zur Geltung. Im Juni besticht die Rabatte durch Staudenpaeonien, Wieseniris, Baldrian, Sonnenröschen und Strohblumen.

Die makellosen Blütenkelche von Colchicum speciosum 'Album' und die blaugrünen Rosetten von Euphorbia myrsinites stehen zum Blattwerk von Vitis vinifera 'Purpurea' in dramatischem Farbkontrast.

schiedenartigsten Strukturen, den Hell- und Dunkelwerten erarbeitet werden. Es sei nur an die berühmten »einfarbigen Gärten« Großbritanniens erinnert, die mittlerweile auch hierzulande durch Veröffentlichungen populär wurden.

Weiß als Gartenfarbe

Wie erwähnt, ist Weiß eigentlich keine Farbe, sondern es entsteht, wenn die Lichtstrahlen von einer Oberfläche reflektiert werden. Der Farbeindruck wird durch unterschiedliche Beleuchtung zu verschiedener Tageszeit variiert. Die Oberflächenbeschaffenheit weißer Blüten bewirkt zudem eine reizvolle Variation der Lichtreflektion. Man denke nur an die glänzenden Blütenblätter der Tulpe, an die kristallin wirkenden Blüten der Bartiris oder an das matte, dumpfe Weiß der Astilbe.

Ob die laute Buntheit des modernen Alltags der Grund ist, daß der berühmte »Weiße Garten« von

Vita Sackville-West in Sissinghurst so oft kopiert wird, in den Vereinigten Staaten wie auch in Europa? Die bewundernswerte Idee, nur weiße Blüten in einem Garten zur Geltung zu bringen, läuft leider Gefahr, stereotyp zu werden durch gedankenlose Wiederholung.

Weiße Blüten mit dunklem Grün umgeben oder zu silbrig-hellem Laub gebracht, wirken sehr elegant. Weiße Blumen wie hellgelbe, leuchten in der Dämmerung und sie harmonieren mit jedem Material. Weißpanaschiertes Laub läßt sich in gleicher Weise wie weiße Blüten verwenden und bewirkt eine delikate Auffächerung des weiß-grünen Themas. Pflanzen mit weißvariegiertem Laub sind attraktiv, weil man mit ihnen buchstäblich jede dunkle Gartenecke freundlicher und lichter gestalten kann.

Wie hartes Gelb und helles Rot ist reines Weiß sehr auffällig. Es läßt sich überall dort einsetzen, wohin man den Blick gerichtet wissen will. Häufig wird geraten, weiße Blumen zu verwenden, um disharmonische Farbpartner zu trennen. Dies halte ich bei Pastellfarben für richtig. Bei starkfarbigen oder grellen Nachbarn wird das verwendete Weiß hart und kontrastreich wirken, also lediglich das Unruhe stiftende Moment bekräftigen. Bei vollsonnigem Standort ließe sich statt weißer Blüten graues Laub verwenden. Grau wirkt vermittelnd und ist weniger hart, weil die Lichtstrahlen weniger stark reflektiert werden. Weiße Blumen finde ich für die Gestaltung von schattigen Gärten besonders empfehlenswert, ebenso alle hellen, also mit Weiß gemischten Farbtöne.

Ich selbst habe in meinem Vorgarten viele weißblühende Pflanzen mit hellgelben und einigen blauen Blumen zusammengebracht und zu silbergrauem Laub gestellt. Diese Kombination wirkt immer frisch und heiter. Hübsch und effektiv ist auch die Kombination von weißen, rosafarbenen und einigen blauen oder blauvioletten Blumen mit

weißgrauem Laub. Eine kräftige Farbe wie Rot läßt sich mit Weiß harmonisch kombinieren, wenn das Rot in heller Variation, also einem Rosa vermittelnd hinzugebracht wird. Grünes oder blaugrünes Laub paßt sehr gut zu dieser Kombination. Will man den Farbeindruck leicht halten, müssen die hellen Farben, das Rosa und Weiß überwiegen. Grundsätzlich sehen helle Farben mit Weiß kombiniert besser aus als dunkle Farben, es sei denn, man möchte ganz deutlich den Hell-dunkel-Kontrast zweier Farben, etwa dunkles Blau und Weiß ausarbeiten.

Gelb als Gartenfarbe

Gelb ist die hellste der Farben und gelbe Blumen strahlen förmlich. Man braucht nur wenige gelbe Blüten oder gelbgetuschtes Laub, um irgendwo im Garten die Illusion von Sonnenlicht zu erwecken. Besonders an grauen, kalten Frühlingstagen ver-

Frisch und heiter wirkt die Kombination weißblühender Iberis sempervirens mit Alyssum saxatile 'Citrinum' im Mai. Das helle Gelb der Sorte 'Citrinum' ist verträglicher in der Kombination mit andersfarbigen Blumen als die Art.

Gewissermaßen aromatisch verbrämt wird hier die Kombination heller Achillea × taygetea mit kräftig gelbem Eriophyllum lanatum, dargeboten durch die weißgerandeten Triebe von Mentha rotundifolia 'Variegata'.
Die Minze ist auch an schattigerem Standort als Unterpflanzung zu gebrauchen.

mag ein Tuff gelber Narzissen diesen freundlichsonnigen Aspekt hervorzuzaubern. Weil die Farbe so intensiv und optisch vordergründig wirkt, braucht man nur wenige gelbe Blumen, um sie zur Geltung zu bringen. Immergrünes Laub bietet erfreulich dunklen Kontrast. Gelbpanaschiertes Laub, wie gelbnadelige Koniferen hingegen, eignen sich, die gelbe Blütenfarbe reich und vielfältig aufzufächern. Ich selbst bevorzuge helles Gelb, weil es soviel verträglicher in der Kombination mit anderen Farben ist als die satten, tiefen Gelbtöne. Hellgelb wirkt immer freundlich und heiter. Es vermag, besser als Weiß, schwierige Farbnachbarn zu harmonisieren. Das verträglichste Gelb in dieser Hinsicht wird mir im Garten von Pflanzen wie der Wolfsmilch und dem Frauenmantel offeriert. Die Hochblätter (Bracteen) der Wolfsmilchgewächse (Euphorbien) variieren im Farbton, man weiß nicht recht, ob man sie als gelbgrün oder grüngelb bezeichnen soll. Jedenfalls ist der Mischton zwischen Grün und Gelb sehr verträglich zwischen anderen Blütenfarben, weil er das Blattgrün moduliert. Dies läßt sich gleichermaßen von Pflanzen mit gelbüberhauchten Blättern sagen. Ich mag die Wolfsmilch-Arten mit ihrem unterschiedlichen Wuchsbild. Sie bieten dichte, wuchernde Laubdickichte, rasige Matten oder fast symmetrisch gebaute, starre Einzelrosetten. Die variable Blütezeit der einzelnen Arten ist mir ein weiterer Vorzug. Die erste im Jahr ist für gewöhnlich *Euphorbia myrsinites* und die letzte *Euphorbia pilosa* (syn. *E. villosa*) mit einer Nachblüte im Oktober. Von den Blüten und umgebenden Hochblättern abgesehen, sind die beblätterten Stengel der *Euphorbia griffithii* im Oktober gelborange, die von *Euphorbia dulcis* flammend rot überlaufen.

Die grellen, satten Gelbtöne, wie sie späte Korbblütler hervorbringen, würde ich nicht mit Weißblühendem verbinden, sondern mit dunklerem, warmem Braunrot und Braunpurpur. Sehr gut wir-

ken kräftige Gelbtöne mit Hellgelb ergänzt und dazu kontrastierend, wenige violettblaue oder reinblaue Farbnachbarn. Sanft und leichtbeschwingt wirkt eine Zusammenstellung von hellgelben und weißen Blumen zu silbrigem Laub. Die komplementäre Entsprechung, das Violett, ist gleichfalls eine Möglichkeit, das Gelb farblich zu ergänzen. Ich persönlich würde eine Gruppe aus mauvefarbenen (dies ist nichts anderes als ein helles Violett) Blumen mit wenigen gelben vor purpurnem Laub reizvoller finden, als wenige violette, zwischen viele unterschiedlich gelbblühende Blumen gebracht. Grüngelbe und hellgelbe Blüten in geringer Anzahl zwischen unterschiedlich Blaublühendem, wie auch neben Blaublättrigem, steigert die farblich kühlen Nachbarn.

Warm und strahlend gibt sich diese Pflanzenkombination Mitte bis Ende Mai. Spiraea bumalda 'Goldflame' zeigt über goldgelbem Laub gerötete Triebspitzen. Das gefingerte Laub einer Strauchpaeonie gibt sich gleichfalls rötlich getönt. Die Lilienblütige Tulpe 'Queen of Sheba', hier auffällige Hauptattraktion, wird von grüngelber Euphorbia polychroma, den Blättern von Geum 'Georgenberg' und dem Laubfiligran von Meum athamanticum gerahmt.

Blau als Gartenfarbe

Blau, wenn es ein wenig rotes Pigment enthält, ist in der Wirkung satt und gewichtig, manchmal sogar feurig. Türkis, also ein grünliches Blau, hingegen wirkt ausgesprochen kühl. Ich habe diese Farbe stets als Labsal empfunden, wenn ich nach hitzeträchtigem Gang in Acco oder Jerusalem, in jene abgedunkelten, ganz türkis gehaltenen Cafés flüchtete. Grünblau, wie mir immer versichert wurde, hilft, gegen das Böse schlechthin gefeit zu sein.

Die kurzen Wellenlängen des Lichts lassen den Himmel gegen die Schwärze des Weltraums blau erscheinen. Blau suggeriert Ferne und Stille, was manche Menschen als verunsichernd empfinden. Die Dimensionen eines Gartens, wie seine optischen Begrenzungen, lassen sich durchaus weiten durch Verwendung von grauem Laub und blau Blühendem am Ende einer Blickachse.

Blaue Blumen sind mir besonders lieb und ich trachte stets, mir ein gutes Stück Himmel auf die Erde herab zu holen, indem ich blaue Blumen pflanze in all ihrer erdenklichen Vielfalt. Es ist gar nicht so einfach, blaue Blumen im Garten darzubieten. Gerade die schönsten blauen Blumen sind häufig so flüchtig. Sie blühen oft nur zu bestimmten Tagesstunden und ihre Blüten sind meist klein. Aber vielleicht ist es gut, daß ich meinen Hunger nach blauen Blumen nicht mit enzianblauen Dahlien stillen kann. Darüber hinaus verändert sich die blaue Blütenfarbe häufig in den fortschreitenden Stadien des Blühens. Selbst die wechselnden Tageszeiten, Wetterstimmungen mit unterschiedlichem Licht, haben bedeutsamere Wirkung auf Blau als auf andere Farben. Ich denke dabei an die blitzendblaue *Commelina* oder die sehnsuchterregende blaue Prunkwinde, die immer wenn Gartenbesuch am Nachmittag angesagt ist, ihr Blau versagen.

In Katalogen wie im allgemeinen Sprachgebrauch werden die unterschiedlichsten Tönungen dieser Farbe als Blau bezeichnet, aber welche Welten liegen zwischen weichem Violettblau und reinem, harten Blau ohne jeglichen Rotstich. Vergißmeinnichtblau oder Enzianblau sind als Vokabeln, die einen Farbverhalt bezeichnen, gottlob eindeutig. Preußisch- und Königsblau mögen einem Maler bestimmte Qualitäten der Farbe bedeuten, einem Blumenliebhaber, der im Umgang mit Malfarben nicht geschult ist, sagen sie nichts. Das Blau der Glockenblumen ist eigentlich nie blau, sondern

In einem steingefaßten Beet finden sich diese blaublühenden Kleinode: Felicia amelloides 'Variegata' im italienischen Terrakottatopf, umblüht von starkwüchsiger Campanula poscharskyana 'Blauranke'. Eine Walderdbeere aus Selbstaussaat dazu ist hochwillkommen.

günstigenfalls ein blauviolett, das unter günstigen Lichtverhältnissen blau erscheint. Mir fällt auf, daß ganz allgemein vielerlei Purpurblau individuell als Blau oder als Violettblau empfunden wird.

Alles, was im Garten die blaue Stimmung blauvioletter Blumen zu unterstreichen vermag, sollte gefördert werden, denn meiner Meinung nach sind es die blauen Blumen, deren man nie überdrüssig wird. Wenige orangefarbene Blumen, die das Blau komplementär ergänzen, mögen da willkommen sein. Gertrude Jekyll schrieb in ihrer Abhandlung über Gartenfarben (Colour Schemes for the Flower Garden, deutsch unter dem Titel »Pflanzenbilder aus meinen Gärten«), daß Blau wirkungsvoller wird – reiner, wenn an der richtigen Stelle die Komplementärfarbe gegenüber gestellt wird. Sie entwarf unter anderen Plänen einen Farbplan für einen »Blauen Garten«, der allerdings nie realisiert wurde. Der Zugang zu diesem Gartenteil mit blaublühenden Pflanzen sollte durch eine Gartensek-

tion führen, in der viele Pflanzen mit goldgelbem Laub das Auge stimulieren sollten, die nachfolgenden Blautöne reiner und leuchtender zu erleben. Gertrude Jekyll verstand es auch, diese Farbzusammenstellung mit bläulich grünen Blättern zu bereichern.

Entgegen der landläufigen Meinung, blaupurpurfarbene Pflanzen dürften nicht mit reinblauen kombiniert werden, bin ich durchaus dafür, dies zu tun. Gewiß, die purpurblauen Blumen wirken dann weniger blau, aber die Modulation insgesamt von weichen und harten Blautönen verhilft dem Blau letztenendes überzeugend fest und klar zu wirken.

Ich mag gerne das stumpfe, sanfte Lilablau eines hohen *Ageratum*, das ich einst vom Verkaufspavillon des berühmten Rhododendrongartens Nymans aus England mitbrachte. Dazu setze ich das harte, feurige Pfauenblau von *Commelina tuberosa*. Gleichermaßen glücklich lassen sich meiner Meinung nach die helle *Viola cornuta* 'Lilacina' mit

In hochsommerlichen Purpurtönen prunkt diese Pflanzung durch Phlox paniculata in der Wildform (oben links), durch eine weitere unbekannte, violette Sorte, durch die Sorte 'Düsterlohe' (rechts hinten). Die dunkellaubige Dahlie 'Fascination' gibt über Monate einen kräftigen Farbakzent. Sie ist benachbart von Geranium pratense 'Plenum Violaceum'. Im Zentrum blüht Salvia sclarea var. turkestanica mit kandelaberartigen Blütenständen. Dunkellaubiges Heliotrop und Fuchsia magellanica 'Versicolor' modulieren den Purpur durch Blatt und Blüten.

Eine kräftigwachsende Selektion von Ajuga reptans 'Atropurpurea' sowie Pulmonaria saccharata haben sich die breiten Fugen eines Plattenweges erobert.

Lobelia erinus oder die violettblaue *Catananche caerulea* mit der enzianblauen *Salvia patens* vereinen.

Die unterschiedlichen Blautöne lassen sich gut mit hellem Gelb, mit verschiedenen Rosatönen, mit Orange, mit Weiß kombinieren.

Wenn Sie sich in Ihrem Garten für Altrosa, ein bläulich gestimmtes Rosa, als Partner für blaue Blumen entschieden haben, sollten Sie Lachsrosa und Orange nur weitab davon verwenden. Ich denke noch mit Schaudern an eine Gruppe lachsfarbener Bartiris 'Karin von Hugo' in der Nähe der Paeonienhybride 'Paula Fay' mit ihren kräftigen rosafarbenen Blüten in meinem Garten. Da vermochten weiße und lilablaue Hornveilchen, blauviolette *Clematis integrifolia* und reinblaue *Lindelofia longiflora* zwischen den rosigen Kontrahenten nichts mehr zu bewirken.

Gräserbau, wie das von *Helictotrichon sempervirens* (früher *Avena*) oder *Agropyron pubiflorum* sind mir immer willkommen. Weiße Blumen zwischen den Blautönen sind kontrastreiche Partner. Auch Rosa und Blau ist eine hübsche Kombination, die durch hinzugenommenes Weiß noch beschwingter wirkt.

Purpur als Gartenfarbe

Purpur, die Farbe der Könige, ist ein sattes, tiefes, bläulich gestimmtes Karminrot. In der Aufhellung ergibt das Rosalila, eine Farbe, die zuweilen abfällig als süßlich-fade bezeichnet wird. Sanft wirkt die Farbe zweifellos. Erst die richtige Benachbarung gibt dem Lila Charakter. Langweilig wäre es sicherlich, Lila mit gleich hellen Rosatönen zu modulieren. Sobald die Nachbarn sich dunkler geben, bietet Lila oder Hellviolett, wie man es auch nennen kann, erfreulichen Kontrast. Der verschwimmenden, unklaren Farbwirkung von Lila kann man auch mit deutlichen Formkontrasten begegnen, etwa durch Verwendung auffälligen Laubschmucks.

Ich selbst habe in meinem Garten den Purpurtönen, in heller und dunkler Auffächerung, viel Aufmerksamkeit geschenkt. In meiner Purpurpflanzung habe ich den unterschiedlichsten Blumen zunächst eine Hintergrundpflanzung von purpurblättrigen Sträuchern gegeben. Dort sind tiefrote, ich sollte besser sagen, tief blaurote, dann schwärzlich rote, hell- und dunkelviolette, lila und rosafarbene Blüten mit den Purpurblättrigen kombiniert. Als hellen Kontrast habe ich weißvariegiertes Laub verwendet, die *Phlox*-Sorte 'Norah Leigh' und den weißgrünen Knollenhafer (*Arrhenaterum elatius* ssp. *bulbosum* 'Variegatum').

An Gehölzen habe ich die purpurblättrigen Varianten von Perückenstrauch, Berberitzen, Pfaffenhütchen, Schlehe verwendet. Wichtige Stauden und Knollenpflanzen dieser Pflanzung sind: Sedum, Phlox, Monarda, Asternarten, Bartiris, Paeonien, Dahlien. Außerdem verwende ich alljährlich Annuelle wie auch Knollenpflanzen mit purpurn gezeichneten oder überlaufenen Blättern wie *Oxalis*, Heliotrop, *Amaranthus*, Melde. Löwenmaul, Leberbalsam, Verbenen sind bevorzugte einjährige Sommerblumen in dieser Pflanzung.

Ich mag dunkle Purpurtöne sehr gerne, und ihr düsterer Aspekt, den viele Blumenliebhaber nicht mögen, ist mir ein Moment geheimnisvoller Schönheit. Auf diesem Areal, so unter sich, geben sich selbst aufdringlich karminrote Lichtnelken (*Lychnis coronaria*) harmonisch befriedet. Schwere, dunkle Töne haben keine Fernwirkung und meine rotvioletten Blumen sind die ersten, die abends verdämmern.

Einige meiner Kombinationsversuche schlugen fehl. So habe ich zum Beispiel die dunkle *Clematis*-Hybride 'Royal Velours' in den Hintergrund gepflanzt und der Pflanze gestattet, in einer Weichselkirsche zu blühen. Doch der Flor kommt leider vom Vordergrund der Pflanzung aus betrachtet, kaum zur Geltung, weil die Blüten so dunkel sind. Die Kirsche ist mittlerweile an Altersschwäche gestorben und der *Clematis* gefällt es nun, in einen benachbarten purpurlaubigen Perückenstrauch zu wandern. Da die Blätter des Perückenstrauchs mit den *Clematis*-Blüten in Ton und Farbe fast identisch sind, sieht man die Blüten überhaupt nicht mehr. Je nach Gemütsverfassung ärgert oder belustigt mich das Mißgeschick, oder diese Form raffinierter Mimikry.

Entgegen ursprünglicher Absicht habe ich zugelassen, daß Edeldisteln sich geradewegs vor einem Busch der rosig-purpur gefleckten Berberitze 'Roseglow' ansiedelten. Das Blau der blühenden Disteln (*Eryngium tripartitum*) stand prächtig. Ich habe seither die blaue Note noch durch eine Bartfadensorte (*Penstemon* Barbatus-Hybride 'Catherine de la Mère') und Salbei (*Salvia nemorosa* 'Blauhügel') zu verstärken gewußt. Diese Sorte des Bartfadens ist winterhart und bringt blaue, violett schattierte Rachenblüten hervor. Der Salbei ist

Sedum cauticola 'Robustum' zusammen mit Thymus serpyllum 'Coccineus' säumen einen Plattenweg. Auch im blütenlosen Zustand gibt sich die Kombination adrett und erfreulich.

Die englische Dianthus-Hybride 'London Delight' beschwört mit den gerandeten Blüten und ihrem starken Duft den Nelkenschatz längst vergangener Tage. Sie braucht Kalk, und feuchte Winter sind ihr zuwider.

natürlich violettblau, aber da die Nachbarpflanzen zu Rotviolett tendieren, erscheint er unerhört blau. Gute Struktur erhält die Pflanzung durch die Verwendung der graublättrigen *Hosta*-Hybride 'Krossa Regal', durch *Acanthus spinosus* und den imposanten Koreawein (*Vitis coignetiae*).

Ich kann mir vorstellen, daß komplementäres Lind- und Gelbgrün in so einer Zusammenstellung sehr lebendig wirkt. Pflanzen wie der Frauenmantel oder die bereits gepriesenen Wolfsmilchgewächse, der Ziertabak in einer Sorte, passen gut zu Purpurlaubigem wie Violettblühendem. Harmonisch, aber ein wenig fade wirkt hier grausilbriges Laub. Aber gleichwohl könnten hell lilafarbene Blumen, in Verbindung mit silberblättrigem Laub, ein willkommener heller Kontrast in einer Pflanzung dunkler, blaugestimmter Rottöne sein. Es sei noch kurz erwähnt, daß eine Kombination von

Berberis thunbergii ist anspruchslos und hart; Laub und Früchte sind brillanter Herbstschmuck. Die Blätter an den neuen Trieben der Sorte 'Rose Glow' geben sich so malerisch gesprenkelt. Hier gibt die Berberitze den hohen Blütenstengeln von Eryngium tripartitum notwendigen Halt. Die purpurlaubigen Berberitzen geben vortreffliche Hintergründe, um davor unterschiedliches Rosenrot zu modulieren.

Violett, Rosa und kontrastreichem Hellgelb denkbar ist. Hingegen wirken dunkle Gelbtöne und das nachfolgend besprochene Scharlachrot unharmonisch.

Scharlachrot als Gartenfarbe

Die Lieblingsfarbe der Männer, der Kinder und der Verliebten ist Rot, ein lebhaftes, herausforderndes, vitalisierendes Rot, so sagt man. Ich stelle mir darunter ein warmes Scharlachrot vor, also ein Rot, das gelbe Pigmentanteile hat. Gegensätzlich, obwohl gleichermaßen lebhaft und auffällig, gibt sich das kühle Karminrot, das ich von den Harmonien her dem Purpur zugeordnet habe. Diese beiden Rotvarianten erinnern an Geschwister, die viel miteinander gemein haben und trotzdem nicht miteinander auskommen können. Nichts verhält sich so disharmonisch wie diese beiden roten Blütenfarben zusammengebracht. Merkwürdigerweise ist die Kombination harmonisch, wenn man kühlpurpurnen Blättern warmrote Blüten zur Seite stellt.

Bei der Bestellung von Stauden oder Annuellen, die rot blühen, weiß man nie so recht, welches Rot man letztenendes erwarten darf. Es gibt sehr viele Vokabeln für Rottöne, die aber meist unklar lassen, ob es sich um blaustichiges oder gelbstichiges Rot handelt. Wenn ich von Scharlachrot spreche, meine ich immer ein gelbstichiges Rot. Reines Spektralrot ohne gelbe oder blaue Pigmentanteile findet sich bei Blumen selten. Die Oberflächenstruktur läßt das Rot außerdem unterschiedlich zur Wirkung kommen.

Rote wie gelbe Objekte, in unserem Fall sind es blühende Pflanzen, scheinen optisch hervorzutreten, während blaue und violette zurückzuweichen scheinen. Man sollte bei allen Benachbarungen bedenken, daß rote und starkfarbig gelbe Blumen lebhaft und unruhig wirken. Rot kommt im Garten einfach schon deswegen besonders zur Geltung, weil Gras und benachbarte grüne Blätter der Farbe komplementär entsprechen.

In den berühmten »Roten Rabatten« von Hidcote, einer vielbesuchten Gartenanlage in England, sind viele scharlach- und orangefarbene Blumen sehr wirkungsvoll mit purpurnem Laub zusammengestellt. In Sissinghurst, gleichermaßen berühmt und vielbesucht, gibt es einen Cottagegarten, in dem die Bepflanzung in lebendiger, origineller Weise die Sonnenuntergangsfarben beschwört. Ich selbst habe, den berühmten Bei-

Die Cytisus-Hybride 'Killiney Red' blüht in auffälligem, delikatem Braunrot. Leider ist diese Sorte deutschen Wintern nicht immer gewachsen. Die zweifarbig gelb-roten Ginster-Sorten sind etwas robuster. Pflanzen Sie Ginster unbedingt vollsonnig, damit er kompakt im Wuchs bleibt.

Das altvertraute Löwenmäulchen gibt sich manchmal aufreizend neuartig wie in dieser zweifarbigen Varietät, der Sorte 'Rembrandt'. Löwenmäulchen werden zuweilen vom Rost ereilt, doch sie gehören zu jenen Annuellen, mit denen gut umzugehen ist. Nach milden Wintern treibt es willig wieder aus und blüht früher als gewohnt.

spielen folgend und auf meine Situation übertragen, eine Gartenecke mit Pflanzen in ähnlicher Farbigkeit bepflanzt. Obwohl die Blumen nur wenig Platz zur Verfügung haben, finden sie lebhafte Beachtung. Ich habe die Wirkung der rotgelben Blumen vorbereitend zu steigern versucht durch die silbergraue Bepflanzung meines Vorgartens, durch den man zu gehen hat, um in die rotgelbe Gartenecke zu gelangen. Nach dem friedlich sanften Grau und dem heiteren, aber gelassenen Blühen in Gelb und Weiß empfindet man die rotgelbe Komposition höchst überraschend, zuweilen sprühend durch die erwählten Blumen. Ich geselle gelbgetuschtes und braunpurpurnes Laub zu warmem Blütenrot und lebhaft gefärbten Früchten. Es gibt Blumen, wie die *Lychnis*-Arkwrightii-Hybride 'Vesuvius', *Lobelia fulgens* 'Queen Victoria', oder die Dahlie 'Bishop of Llandaff', die braunpurpurnes Laub mit warmroten Blüten schon in der individuellen Pflanze offerieren. Die Nadeln der gelben Haarzypresse (*Chamaecyparis pisifera* 'Filifera Aurea Nana') und die Blätter des Kriechfelberichs (*Lysimachia nummularia* 'Aurea'), eine Efeusorte, Thymian und verschiedene Gräser modulieren das Blütengelb. Orangefarbene Blumen sind, farbharmonisch betrachtet, das verbindende Glied zwischen Gelb und Rot. Ich versuche, die Blumenfarben wie die Blattfarben farblich zu feinen Schattierungen zu differenzieren, das heißt, ich wähle nicht nur die brillanten Farben, sondern auch mattes Orange, dumpfes Braun, Gelbgrün und tiefes Mahagoni in den Flor der beteiligten Pflanzen zu bringen. Es macht mir Spaß, den Komplementärkontrast so zu handhaben, daß einzelne Pflanzen unerhört grün erscheinen. Die filigranfeine Belaubung der Augenwurz (*Meum athamanticum*), die Blätter mit gekräuselten Säumen von *Teucrium scorodonia* 'Crispum', oder das grünblättrige Heiligenkraut (*Santolina rosmarinifolia*) inmitten roter Blumen bekommen eine nie geahnte Farbintensität.

Die Pflanzen, besonders die Einjährigen, für das kleine Areal auszusuchen und heranzuziehen, macht mir schon Freude. Es gibt so viele Pflanzen, die sich für die Zusammenstellung eignen würden und ich muß immer mit mir ringen, welche Blumen aus Platzgründen von der Wunschliste gestrichen werden müssen.

Raffiniert finde ich auch eine Zusammenstellung von scharlachroten mit lachsrosa und gelbgrünen Blumen. Lachsrosa ist gewissermaßen ein durch Weiß aufgehelltes Scharlachrot. Ich denke an eine Kombination von Wolfsmilch, der frühblühenden *Euphorbia polychroma* oder der wuchernden *Euphorbia cyparissias* mit der lachsfarbenen Tulpe 'Apricot Beauty' und der scharlachfarbenen 'Orange Wonder'. Zu späterer Jahreszeit könnten den Part der Tulpen Hybridlilien, mit grüngelben Missouri-Nachtkerzen und gelblaubigem Thymian oder Majoran kombiniert, fortsetzen.

Weiß zum Lachston und zum Scharlach ist eine eindeutige Sache. Eine lachsfarbene Taglilienhybride mit weißen Galtonien, Glockenblumen sowie scharlachroten Crocosmien kombiniert, ist eine heitere, sommerliche Pflanzengesellschaft. Hübsch und lebendig dazu ist glänzendes Bergenienlaub.

Helianthemum 'Henfield Brillant' ist eine kräftig wachsende Sorte. Die sanfte graue Belaubung komplettiert die Eigenart dieses Sonnenröschens und unterstreicht die Wirkung der bräunlich orangefarbenen Blüten. Die Sorte 'Fire Dragon' in ähnlicher Kombination von Blatt und Blüte kommt ihr gleich in der Wirkung. Beide passen so gut zu kupferroter und gelbbrauner Bartiris.

Blätter und Blattfarben

Blätter im Garten sind wichtiger als Blüten. Sie sind nicht nur größer, sie bilden Muster, in einer Weise, wie Blüten es kaum zu tun vermögen. Darüberhinaus halten sie sich so viel länger, mindestens ein halbes Jahr, von den Immergrünen ganz zu schweigen. Immergrünes kann zu gewisser Zeit ziemlich ramponiert aussehen, besonders zum Winterende, und doch macht es mir gerade an den dunkelsten Tagen im Jahr irgendwie Hoffnung. Dies mag herausstreichen, wie wichtig es ist, bei der Bepflanzung des gesamten Gartens auf Laub und Wuchsbild von Pflanzen zu achten.

Bei den Farbkontrasten wurde schon darauf hingewiesen, daß die Blätter und ihre Tönung zur Farbgestaltung wichtig sind. Die nachfolgende Auflistung von Pflanzen mit besonderen Blattformen oder unterschiedlich getöntem Laub hilft, Zusammenstellungen von Blütenpflanzen mit passendem Laub zu ergänzen und zu verfeinern. Das wachsende Interesse an den Bodendeckern mag viele Privatgärtner dazu bringen, mit frischem Blick und neuer Erwartung auf die Blatteppiche zu sehen, um sie besser zu verwenden.

Beth Chatto, Gartenkünstlerin und Inhaberin einer berühmt gewordenen Gärtnerei in Ostanglien, wußte dem wachsenden Interesse an Laubschmuckpflanzen in den siebziger Jahren durch Gründung ihrer Gärtnerei »Unusual plants« zu entsprechen. Viele ihrer »ungewöhnlichen« Pflanzen waren Selektionen von Wildstauden mit schönen Blättern. Beth Chatto schreibt in ihrem Buch »The Damp Garden«: »Ich hoffe, meine Besessenheit, immerzu von Pflanzen zu reden, wird nicht monoton, aber ich finde, wenn eine Pflanze schöne Blätter hat, ist das bereits ein guter Grund, sie zu pflanzen, hat sie obendrein noch schöne Blüten, sind es zwei gute Gründe.«

Wenn Sie selbst Ihren Garten bepflanzen, sich mit Rasen, mit niedrigen und höheren Teppichen von Stauden und Kleingehölzen auseinandersetzen, trachten Sie, sich selbst zur Freude, das Spiel mit den Blättern reizvoll zu gestalten. Weder die zierlichen farnartigen Blättchen der Scheinbuche noch die immensen Blattfächer der Kastanie müssen dabei aus der Betrachtung zwingend ausgeklammert werden, aber für gewöhnlich schließt der Maßstab der klein gewordenen Gärten viele Bäume aus. Manchmal allerdings wächst es sich unter Pflanzenliebhabern schon zur Manie aus, dem kleinen Garten nur noch mit Miniaturen zu entsprechen, um ihn großräumiger erscheinen zu lassen. Doch wer die Kunst der Gestaltung nicht beherrscht, hat letztenendes nur noch ein Feld mit gleich großen Pflanzen darauf, die man mit gesenktem Kopf betrachten muß.

Die dritte Dimension, »das in die Höhe wachsen«, um den Blick von unten nach oben zu lenken oder in andere Räume schweifen zu lassen, kommt meist zu kurz. In Miniaturgärten komme ich mir deshalb häufig ungeschlacht vor, obwohl ich es nicht bin. Ich mag keine Miniaturformen von *Gunnera* oder Rodgersien, wie mir die Vorstellung von Miniaturelefanten auch Grausen bereitet. Manche Pflanzen müssen einfach groß bleiben, um großartig zu sein.

Auf alten Stichen von Landschaften gibt die menschliche Figur häufig den Maßstab an und in den stilisierten Darstellungen asiatischer Landschaften zeigen Häuser oder Brücken die menschliche Dimension auf. Je nachdem wo sie plaziert sind, begreift man die Raumabfolgen in einer Darstellung. Manchmal sieht man im Vordergrund solcher Bilder auch großblättrige Pflanzen, die die dahinterliegende Darstellung weiträumiger wirken lassen.

Auch im Garten lassen sich räumliche Abfolgen durch unterschiedliche Blattformen herausstreichen, von großblättrigen Funkien in der Nähe des Hauses, bis zu kleinblättrigen, vom Hause entfernten Sträuchern oder der diffus wirkenden Umrißform einer Konifere. Je weiter man sich von Haus entfernt, desto kleiner läßt man die Blätter werden. Die Illusion der Entfernung kann obendrein noch gestützt werden durch glänzende Blätter im Vordergrund und matte im Hintergrund.

Das silbrige Lamium maculatum 'Beacon Silver', das gelbvariegierte Euonymus fortunei 'Emerald'n Gold' im Verein mit auffälliger Hosta sieboldiana 'Frances Williams' ist ein gewagtes Trio, in der Wirkung prächtigen Blühern ebenbürtig. Beth Chatto hat sie in ihrem berühmten Garten in Elmstead-Market, in Ostengland mit schlichtem Grün umgeben, mit der kletternden Hydrangea petiolaris, mit Ajuga reptans und den Blattwedeln von Dryopteris filix-mas.

Aber das ist schon beinahe eine Rezeptur zur Bepflanzung eines kleinen städtischen Gartenhofes. Hier soll nur darauf hingewiesen sein, daß der Aspekt der Blatt- und Wuchsformen wert ist, betrachtet zu werden. Für gewöhnlich sehen wir den Garten nicht nur von einem Standpunkt aus, zum Beispiel vom Fenster eines Wohnraumes, sondern wir bewegen uns in ihm. Es gibt genug Interessantes, um nicht mit Trugbildern gestalterisch arbeiten zu müssen. Wichtig erscheint mir aber, manchmal den Blick festzuhalten durch eine auffällige, der übrigen Bepflanzung kontrastierende Form, etwa wenn man der lax wachsenden Rose 'Swanee' als Gruppe die schlanke Säule eines Wacholders zur Seite stellt. Der gleiche Effekt, in anderem Maßstab, wäre die Benachbarung von rundkronigen Weiden mit einer oder mehreren Pappeln.

Es ist gut, in flachwachsende Blatteppiche kugelige oder fontänenartige Wuchsformen zu bringen, so etwa zwischen *Acaena-* oder Thymian-Teppiche *Santolina* und *Helictotrichon* zu pflanzen. Das Laubfiligran von *Aruncus sylvester* 'Kneiffii' kann kaum besser herausgestrichen werden als durch Benachbarung von Blattschirmen der *Darmera peltata*. Vor breit gelagertem Pfitzerwacholder Hochaufragendes zu pflanzen, wie Steppenkerzen oder Königskerzen, unterstreicht und steigert die Eigenart beider Wuchscharaktere.

Große Blätter als Kontrast

Die meisten im Garten verwendeten Pflanzen haben zwar unterschiedlich geformte Blätter; zusammengebracht nimmt man deren individuelle Ausformung aber zu wenig wahr, weil die Größe gleichwertig ist. Kein Wunder also, daß Pflanzen mit sehr großen Blättern oder mit sehr kleinen, zwischen der Vielzahl gleichartiger Blattgrößen auffallen, das heißt, das Auge festhalten. Es gibt bekanntlich nicht sehr viele großblättrige Pflanzen und man wird sie im Hausgarten auch nicht in größerer Anzahl pflanzen und Gefahr laufen, ihre Wirkung damit aufzuheben. Schon ein Einzelexemplar mit großen, ausdrucksstarken Blättern vermag einer Gruppe Zusammenhalt zu geben. Großblättriges vermag aber auch einer Pflanzenzusammenstellung, und zwar sowohl mit reduzierter Farbigkeit wie mit kräftiger, reicher Farbigkeit den notwendigen Kontrast zu geben.

Großblättrige Gehölze für kleine Hausgärten

Aralia elata, ein Ausläufer treibender Strauch mit großen, gefiederten Blättern in einer Art Krause auf nackten Stämmen getragen.

Catalpa bignonioides, breit-herzförmige Blätter und purpurn gezeichnete, weiße Blüten. Durch regelmäßigen Rückschnitt treibt der Baum besonders große Blätter. Windschutz nötig.

Aesculus parviflora, die Strauch-Kastanie, hat breit ausladende Blattfächer und dekorative Blütenrispen. Ausläufer werden gelegentlich lästig.

Hydrangea aspera ssp. *sargentiana* hat dunkle Blätter von samtiger Textur und Blütenstände wie ein Spitzenhäubchen. Braucht Windschutz und frische, saure Böden.

Rhododendron-Hybriden, für saure, frische Böden.

Rhus typhina, der Essigbaum, hat prachtvolle Herbstfärbung und dekorative Fruchtkolben.

Rubus odoratus, Wohlriechende Himbeere, hat handförmig gelappte Blätter und Rispen purpurner, duftender Blüten. Ist anspruchslos.

Sorbaria sorbifolia, bringt Fiederblätter und an Astilben erinnernde Blütenstände. Lästig sind die Ausläufer, daher isoliert pflanzen.

Viburnum rhytidophyllum, der Immergrüne Zungen-Schneeball, hat derbe Runzelblätter. Der Habitus ist allerdings nicht sonderlich attraktiv.

Großblättrige Kletterpflanzen

Aristolochia macrophylla, Pfeifenwinde, hat schöne, herzförmige Blätter. Für Hauswände und Pergolen im Schatten.

Vitis coignetiae, Korea-Wein, hat herzförmige, rötlich geaderte Blätter. Starkwüchsig, wunderschöne Herbstfärbung.

Hedera colchica in Sorten, eine Efeu-Art mit besonders großen, lappigen Blättern. Je nach Lage ist Winterschutz nötig. Winterdekoration fürs Haus.

Großblättrige Stauden

Acanthus hungaricus hat dunkle, ansehnliche Blattrosetten. Auf sandigen Böden bei Vollsonne schlappt er zuweilen.

Acanthus spinosus, mein persönlicher Favorit, mit fein geschnittenen, bewehrten Blättern und dekorativen Rachenblüten. Samt sich stark aus.

Aruncus dioicus Geißbart, ist altvertraut und robust.

Bergenia in Arten und Sorten, haben runde oder ovale, meist immergrüne Blätter, die zuweilen auch lebhafte Winterfärbung haben.

Darmera peltata hat riesige Blattschirme, zuweilen kupfrig gefärbt im Herbst. Für frischen Boden, verträgt aber auch Trockenheit. Blüten auf nackten Stengeln im Frühling.

Hosta in Arten und Sorten, haben lanzenförmige Blätter und attraktive Laubtöne.

Ligularia in Arten und Sorten haben attraktive Blattschirme. Nur für frisch-feuchte Böden empfehlenswert. Windschutz.

Lysichiton americanus, ein Sumpffarn, hat riesige, hellgrüne Blattrosetten. Für Teich- und Bachrand.
Macleaya cordata, der japanische Federmohn hat delikate, graugrüne Blätter und weiße Blütenstände.
Macleaya microcarpa, blüht gelblich-strohfarben.
Podophyllum peltatum, Maiapfel, hat rötliche Blätter, die zu Primeln passen. Achtung vor Spätfrösten.
Rheum palmatum, hat unterseits rote Blätter. Die Varietät *R. p.* var. *tanguticum* ist etwas farbkräftiger im Laub.
Rheum 'Ace of Hearts' (*R. kialense* × *R. palmatum*) ist eine zierliche Hybride mit rotgetuschten, herzförmigen Blättern.
Rheum rhaponticum, der kulinarische Rhabarber, wirkt auch attraktiv zu Frühlingsblumen.
Rodgersia-Arten, haben auffällige Blattschirme oder eingeschnittene Blätter, zuweilen bronzefarben getönt. Benötigt frischen, humosen Boden.

Nicht winterharte, großblättrige Pflanzen

Canna-Indica-Hybriden sind bekannte Knollenstauden mit breitovalen, grünen oder purpurbraunen Blättern, die es in gelborange-rotblühenden Varianten gibt.
Melianthus major, ein afrikanischer Strauch mit gefiederten, grünblauen Blattpaaren. Eine gute Kübelpflanze.
Phormium tenax, Neuseeländer Flachs. Kübelpflanze.
Ricinus communis, Rizinus, wird als einjährige Laubschmuckpflanze gezogen.

Imposante Stauden mit gräserartigem Wuchs oder schwertförmigen Blättern

Crocosmia × *crocosmiiflora*, Montbretie, in Sorten, wie auch Hybriden aus der Kreuzung
Crocosmia masoniorum × *Curtonus paniculatus* mit größeren Laubbüschen sind erfreuliche Blütenstauden wie auch empfehlenswerter Laubschmuck.
Eryngium agavifolium, aus Argentinien, hat Rosetten aus schmalen, gezähnten Blättern. Für geschützte Beete am Haus.

Iris in verschiedenen Arten, besonders *Iris orientalis* und *Iris*-Spuria-Hybriden.
Yucca filamentosa gibt gute Formkontraste in Zusammenstellungen von trockenheitsliebenden Stauden und Gehölzen.

Gräser

Calamagrostis × *acutiflora*, Reitgras.
Carex pendula, Riesensegge für feuchte Böden.
Cortaderia selloana in Sorten, das Pampasgras. Winterschutz!
Elymus arenarius, Blaustrandhafer.
Fargesia murielae, Bambus.
Glyceria maxima 'Variegata' Süßgras.
Miscanthus floridulus, Riesenchinaschilf.
Miscanthus sinensis in Sorten, Chinaschilf.
Molinia coerulea ssp. *arundinacea* in Sorten, Pfeifengras.
Panicum virgatum 'Strictum', Rutenhirse.
Spartina pectinata 'Aureomarginata', Goldleistengras.

Purpurlaubige Pflanzen

Mit dem Begriff »purpurlaubig« werden im allgemeinen jene Pflanzen bezeichnet, deren Blätter dauerhaft rötlich überlaufen sind, bestenfalls jenen dunklen Ton haben wie die Blätter der allseits vertrauten Blutbuche. Purpurblättriges braucht Sonne, nicht nur, um die Qualität und Intensität der Blattfärbung zu entwickeln, sondern auch um optisch zur Geltung zu kommen. Im Halbschatten und Schatten vergrünen die Pflanzen. An trüben Tagen oder im Schatten können purpurlaubige Pflanzen schwer und etwas leblos wirken. Eigentlich erscheinen mir purpurblättrige Gehölze nur in der Nähe von Gebäuden wünschenswert. Als Solitäre auf Rasenflächen oder von Baulichkeiten isoliert, wirken sie oft fremd und seltsam künstlich. Rotblättrige Ahorne, zum Beispiel, sind große Favoriten vieler Gartenbesitzer; meist sieht man sie, wie seltsame Tiere abgesondert, in den Vorgärten. Die rotblättrigen Kirschpflaumen (*Prunus cerasifera*, Atropurpurea-Hybriden) sind schon nicht mehr wegzudenken aus den Vorgärten, wo sie links und rechts der Ausfallstraßen stereotyp zusammen mit Goldregen, Flieder und Rotdorn verwendet werden. Als Hausbaum im kleinen Garten hätte sie die richtige Größe, doch so ganz ohne Bezug zu anderen Pflanzen, welche die Blattfärbung modulieren, wirkt die Kirschpflaume im Sommerhalbjahr düster und schwer. In der Siedlung, in der ich wohne, findet sich in einem Vorgarten ein Stück Hecke aus eben dieser Kirschpflaume. Zur Blütezeit sitzen auf den beinahe nackten Zweigen hübsche, rosige Blüten. Auch später, im belaubten Zustand, finde ich dies Stückchen »Purpurhecke« stimulierend. Wenn ich, auf meinem Weg zu Freunden, daran vorbeigehe und die Blätter im Gegenlicht rubinartig aufleuchten, stelle ich mir immer vor, wie schön es sein müßte, vor so eine glühende Hecke hohe, gelbe Korbblütler wie *Helenium*, *Heliopsis* oder *Helianthus* zu pflanzen. Wahrscheinlich aber wäre eine Hecke aus Blutbuchen dafür empfehlenswerter. Nun ja, um das Experiment zu wagen, habe ich selbst nicht den Platz im Garten.

Die große, stattliche *Berberis × ottawensis* 'Superba' wie auch *Berberis thunbergii* 'Atropurpurea' und die niedrige *Berberis thunbergii* 'Atropurpurea Nana' sind robuste Sträucher und gut geeignet für eine Kombination von Purpurblättrigem mit Blühendem im kühlen Rotbereich, aber auch mit warmroten Blütenpflanzen. Sehr ungewöhnlich mutet die dunkellaubige Fliederbeere (*Sambucus nigra* 'Purpurea') an, deren junge Triebe sich schokoladenbräunlich geben, ansonsten, wo die Sonne die Blätter bescheint, nur dunkelpurpur überhaucht sind. Die Blüten, sehr hübsch, sind rosa getönt. Meine persönliche Lieblingspflanze unter den Rotblättrigen ist *Vitis vinifera* 'Purpurea', eine rotblättrige Auslese der Weinrebe. Dieser Wein bietet im Spätsommer mit seinen dunklen Blättern, an der Südwand des Hauses, einen dramatischen Kontrast zu silberblättrigen *Senecio leucostachys* und *Artemisia arborescens*, zur weißen Japananemone 'Honorine Jobert' und zu den Blüten von *Abelia × grandiflora*. Im Herbst beschert mir dieser Wein zwischen flammendem Laub noch schwarze Beeren. *Senecio leucostachys* ist ein trockenheitsliebendes, immergrünes Sträuchlein mit silbrigen, eingeschnittenen Blättern.

Das spektakulärste Laub unter den Stauden bietet wahrscheinlich die Canna-Indica Hybride 'Le Roi Humbert' und die Dahlie 'Bishop of Llandaff'. Vom Botanischen Garten Kew aus eroberte sich in den letzten Jahren ein Purpurglöckchen mit seinen glänzenden, kupfrigroten Blättern namens *Heuchera micrantha* 'Palace Purple' die Liebhabergärten. Die Pflanze ist vom Frühjahr bis in den Herbst eine Augenweide.

Vitis vinifera 'Purpurea' bringt ganz vortrefflich die makellosen Blütenschalen der Anemone-Japonica-Hybride 'Honorine Jobert' zur Geltung. Der Farbton der Weinblätter vertieft sich noch in den voranschreitenden Herbstwochen. Ein vollsonniger Pflanzplatz ist vonnöten, um die typische Färbung der Blätter, wie das Ausreifen des Holzes zu gewährleisten.

Dreifarbig geben sich die Blätter von Houttuynia cordata 'Chamaeleon', einer Staude fernöstlicher Feuchtwiesen.
Die Sorte 'Flore Pleno' mit grünen Blättern und zapfenartigen, weißen Blütenständen ist gleichfalls dekorativ. Beide haben die duftenden Blätter der Art und sie wuchern arg.

Unter den Bodendeckern ist *Ajuga reptans* 'Atropurpurea' ein Lieferant braunroter Laubmatten. Ich habe eine Selektion dieses Günsels mit kräftigen, knittrigen Blättern. Trockener Boden und feuchte Luft sind eine Kombination, die in meinem Garten dem Günsel Mehltau oder Blattläuse einträgt. In frischem Boden hingegen bleiben sie tiptop. Hübsch, doch zuweilen lästig durch die Sämlinge, ist *Viola labradorica* mit violettüberlaufenen Blättern, die so gut zu Herbstzeitlosen oder *Cyclamen coum* ssp. *caucasicum* passen.

Purpurblättrige Gehölze für kleine Hausgärten

Acer palmatum 'Atropurpureum' und 'Dissectum Atropurpureum'
Berberis × *ottawensis* 'Superba'
Berberis thunbergii 'Atropurpurea', 'Atropurpurea Nana' und 'Roseglow'.
Prunus cerasifera, Atropurpurea-Hybriden, Blutpflaume

Prunus cerasus 'Cistena' ist nur hüfthoch und erinnert an die oben genannte Blutpflaume.
Prunus spinosa 'Purpurea', die Purpurlaubige Schlehe, ist leider im Handel noch selten zu finden.
Corylus maxima 'Purpurea', rotlaubige Haselnuß
Cotinus coggygria 'Royal Purple', der bekannte Purpurblättrige Perückenstrauch.
Rosa glauca hat bei sonnigem Stand rötlich überhauchte Blätter, schattiger gepflanzt, gibt sie sich silberlaubig.
Weigela florida 'Foliis Purpureis' hat mattes, sanft wirkendes Laub und dazu rosafarbene Blüten. Ein schöner Vasenschmuck.
Vitis vinifera 'Purpurea', eine Selektion des Weins für geschützte Standorte.

Purpurblättrige Stauden

Ajuga reptans 'Atropurpurea'; 'Burgundy Glow' hat rotviolette, rosig gefleckte Blätter mit weißen Säumen.

Foeniculum vulgare var. *purpureum* bringt sommers gelbe Blütendolden über bräunlichem Fiederlaub. Nicht zuverlässig hart, sät sich aber selbst aus.
Heuchera micrantha ssp. *diversifolia* 'Palace Purple', Rotblättriges Purpurglöckchen.
Ligularia dentata 'Desdemona' und 'Othello'; beide Sorten brauchen unbedingt frischfeuchten Boden.
Rheum palmatum 'Atrosanguineum'.
Rodgersia pinnata 'Superba'.
Saxifraga fortunei 'Rubrifolia' muß der späten Blüte wegen geschützt gepflanzt werden!
Salvia officinalis 'Purpurascens', die rötliche Blattvariante des Küchensalbeis.
Sedum album 'Coral Carpet'.
Sedum cauticola 'Vera Jameson'.
Sedum telephium ssp. *maximum* 'Atropurpureum', ist ansehnlich vom Frühling bis zum Herbst.
Sedum spurium 'Fuldaglut', eine hübsche Selektion mit karminroten Blüten.
Sempervivum in verschiedenen Arten und Sorten.
Tellima grandiflora 'Purpurea', empfehlenswerter Laubschmuck für Winter und Vorfrühling.
Trifolium repens 'Purpurascens Quadriphyllum', ein »Glücksklee mit schokoladenbraunen Blattflecken, für nicht zu trockenen Stand.
Viola labradorica.

Nicht winterharte, purpurblättrige Pflanzen

Canna Indica-Hybriden.
Dahlien-Hybriden in unterschiedlichen Sorten.
Lobelia fulgens und Hybriden aus *Lobelia cardinalis* × *Lobelia siphilitica*, von zweifelhafter Winterhärte in Deutschland.
Phormium tenax 'Purpureum' und andere Sorten.
Ricinus communis 'Gibsonii'.

Graulaubige und blausilbrige Pflanzen

Die Blattoberflächen grausilbriger Pflanzen sind durch seidige Behaarung oder durch eine feine Wachsschicht vor starker Sonnenbestrahlung geschützt. Wachsüberzogene Blätter vermitteln den Eindruck, blau zu sein, während die wolligseidig behaarten Blätter grau, manchmal sogar weiß wirken.

Fast alle diese Pflanzen mögen nicht nur ganztägige Sonneneinstrahlung, sie brauchen dazu noch gut drainierte Pflanzplätze. Im Herbst sollten sie möglichst nicht verpflanzt werden, weil sie sich nicht mehr einwurzeln und so der Winternässe und Kälte anheimfallen. Mein Vorgarten, trocken und dürftig, voll besonnt und windig, eignet sich mit seinen leicht südwärts geneigten Ebenen vorzüglich, Silbriges zu kultivieren. Obendrein ist da noch der Schutz des Hauses. Zu all den graulaubigen Pflanzen in ihrer Vielfalt habe ich hellgelbe, viele weiße und ein paar hellblaue Blumen gesellt. Ins Auge fallend sind dort die vielen Rauten (*Artemisia*-Arten) und das Heiligenkraut (*Santolina*) mit seinem beinahe kugelförmigen Wuchs. Lebhafte Formkontraste geben Eselsdisteln (*Onopordum acanthium*) und Königskerzen. An leicht beschatteten Pflanzplätzen verwende ich ferner Funkien, Bergenien und die strauchige Altersform des Efeus.

Viele dieser Pflanzen in meinem Vorgarten sind aromatisch, zum Beispiel die aufregend blaue Selektion der Weinraute, *Ruta graveolens* 'Jackman's Blue', der Küchensalbei und andere Salbei-Arten, Thymian, Wermut, Minzen, *Perovskia* und Lavendel. Nicht nur in diesem Gartenteil verwende ich verschiedene Funkien. Die Hybriden, die unter dem Namen *Hosta* × *tardiana* angeboten werden, haben es mir besonders angetan. Sie sind leider noch sehr teuer, deshalb tausche ich mit guten Gartenfreunden die begehrten Funkien-Trophäen. Die vielgepriesene blaue 'Halcyon', die imposante 'Krossa Regal' und 'Blue Danube' habe ich schon im Garten.

Es war der helle Eindruck, den die Belaubung der Ölweide vermittelt und der mich bewog, sie zu pflanzen, als ein alter Birnbaum gefällt werden mußte. Ausgewachsen erinnert sie ein wenig an die Olive. Ein weiterer Begleitumstand, der weit-

schweifende Duft, der von den grüngelben Blütchen ausgeht und den ganzen Gartenraum im Juni erfüllt, macht sie mir besonders teuer.

Graulaubige Gehölze

Elaeagnus angustifolia, die Schmalblättrige Ölweide, gibt einen guten Hintergrund für eine Komposition silbriger und trockenheitsliebender Pflanzen.
Elaeagnus commutata, eine strauchig wachsende Ölweide für trockene Böschungen. Bildet Ausläufer. Duft.
Hebe glaucophylla (syn. *H. darwiniana*), Strauchveronika mit dichtbeblätterten Trieben.
Hebe pinguifolia 'Pagei' ist an geschütztem Standplatz ein attraktiver Bodendecker.
Hippophaë rhamnoides, der Sanddorn, ist gut für küstennahe Gärten.
Lavandula angustifolia in verschiedenen Sorten.

Hosta fortunei 'Obscura Marginata' könnte hier, im feuchten Morgendunst fotografiert, durch den bläulichen Widerschein der Blätter fälschlicherweise als eine jener neuartigen Hybriden mit Hosta sieboldiana angesehen werden. Gleichwohl, ihre grünen, unregelmäßig gelb gerandeten Blätter sind ebenso begehrenswert. Die Färbung der Blätter hält sich bis in den Herbst hinein und macht diese Sorte dadurch besonders gartenwürdig.

Perovskia atriplicifolia blüht lavendelblau an weißbehaarten Trieben.
Potentilla fruticosa in Sorten.
Pyrus salicifolia 'Pendula', die Hängeform der Weidenblättrigen Birne, ähnelt in ihrer Erscheinung der Ölweide.
Salix alba 'Sericea', eine Silberweide von kompaktem Wuchs mit besonders silbrigem Laub für Ufergärten.
Salix lanata, eine der schönsten Zwergweiden.
Salix repens var. *argentea*, die Kriechweide, ist geeignet für trockene wie feuchte Böden.

Koniferen

Chamaecyparis lawsoniana 'Allumii', säulenförmige, blaue Säulenzypresse.
Chamaecyparis lawsoniana 'Columnaris' ist kleiner und eleganter als vorgenannte.
Juniperus chinensis, mehrere Gartensorten, darunter der populäre 'Pfitzeriana'.
Juniperus horizontalis, in Sorten, sind sehr empfehlenswerte Bodendecker.
Juniperus sabina, verschiedene Sorten.
Juniperus squamata in verschiedenen Sorten.
Juniperus virginiana 'Skyrocket', ein Säulenwacholder von sehr schmalem Wuchs und 'Grey Owl', ein breitwachsender, blaugrauer Wacholder.
Pinus parviflora 'Glauca', die Blaue Mädchenhaarkiefer, hat unregelmäßig gestellte Äste.
Pinus wallichiana, die Tränenkiefer, braucht einen freien Standort.

Graufarbige Stauden

Achillea × *taygetea*, meine Lieblingsschafgarbe, hat hellgelbe Blüten und einen wuchernden Wuchs.
Alyssum saxatile, besonders empfehlenswert die zitronenfarbige Sorte 'Citrinum'.
Anaphalis triplinervis ist eine Ausnahme: sie braucht frisch bleibenden Boden.
Artemisia absinthium 'Lambrook Silver', eine silbergraue Selektion des Wermuts.
Artemisia canescens hat nadelartige, graue Belaubung.
Artemisia ludoviciana var. *albula* 'Silver Queen' ist eine wuchernde Raute mit zerteilten Blättern.
Artemisia ludoviciana var. *latiloba*, ist in allen Teilen derber und hat breiteres, ungeteiltes Laub.
Artemisia schmidtiana 'Nana', ist von kissenartigem Wuchs und hat fein zerschlissenes Laub.
Artemisia stelleriana, ist von kriechendem Wuchs und hat geteilte Blätter.
Ballota pseudodictamnus hat grauwollige, runde Blätter.
Cerastium tomentosum, das Hornkraut, ist invasiv und robust.
Chrysanthemum ptarmiciflorum 'Silberfeder', einjähriger Laubschmuck.
Cynara scolymus, die Artischocke, braucht Winterschutz.
Dianthus gratianopolitanus in Sorten.
Echinops tournefortii, hat dornige, gezähnte Blätter und weiße Blüten.
Epilobium canum ist etwas für den Herbst im Weinbauklima. Scharlachfarbene Blütchen.
Helianthemum-Hybriden; von den Sonnenröschen mag ich gerne die hellgelbe 'Wisley Primrose' und die braunrote, kräftige 'Henfield Brillant'.
Helichrysum angustifolium ist von zweifelhafter Winterhärte. Schmales, aromatisches Silberlaub. Die *Helichrysum*-Hybride 'Schwefellicht' hingegen ist hart.
Hosta sieboldiana var. *elegans* hat blaugraue Riesenblätter.
Hosta × *tardiana*, einige Sorten, alle mit blaubereiften Blättern.
Hosta tokudama hat sehr blau wirkende, gekreppte Blätter.
Lamium maculatum in Sorten, Gefleckte Taubnessel, mit unterschiedlich gezeichnetem Silberlaub.
Lychnis coronaria, Lichtnelke, mit blendend magentaroter Blüte. Schön ist die weißblühende Form.
Lysimachia ephemerum hat blausilbrige Blätter und weiße Blütenkerzen. Für frische Böden.
Pulmonaria saccharata, von diesem Lungenkraut gibt es besonders silbrige Blattauslesen.
Rudbeckia maxima, hat große, löffelartige Blätter und braucht kräftigen Boden, um zu blühen.
Salvia argentea, hat große, samtweiche Blattrosetten.
Salvia officinalis, Küchensalbei.
Salvia lavandulifolia ist eine schmalblättrige Variante mit violettblauen Blüten.

Santolina chamaecyparissus, das aromatische Heiligenkraut, muß nach der Blüte beschnitten werden, um hübsch und kompakt zu bleiben.

Stachys byzantina ist ein anspruchsloser, grauwolliger Bodendecker. Die Sorte 'Silver Carpet' blüht nicht, leidet aber mehr durch Winternässe als die Art.

Thalictrum flavum ssp. *glaucum* hat geteiltes, grünblaues Laub und hellgelbe Blüten.

Veronica spicata ssp. *incana* in Sorten, bringen blaue oder violette Blüten zu Silberblättern.

Yucca filamentosa hat spektakuläre Blütenstände über imposanten Blattrosetten.

Nicht winterharte, silbrig-blaugrüne Pflanzen

Besonders unter Sukkulenten finden sich auffällige, blaubereifte Blätter, so bei *Echeveria, Kalanchoë* und anderen.

Centaurea ist aus Saat alljährlich neu zu ziehen.

Die sanften, weißwolligen Rosetten von Salvia argentea bringen Plüschtierohren aus Kindertagen in Erinnerung. Das Laub am ausgebildeten Blütenschaft gibt sich derber und weniger behaart. Wenn man die Pflanze zurückschneidet, sind im Herbst neue, plüschige Blattrosetten zur Stelle. Hier ist der Salbei mit Senecio bicolor 'Silver Dust', mit Euphorbia myrsinites und Artemisia pontica kombiniert.

Senecio bicolor in verschiedenen Sorten, eine vertraute Laubschmuckpflanze, ist im Handel günstig zu erwerben.

Senecio laxifolius 'Sunshine', ist leider von zweifelhafter Winterhärte und sollte als Kübelpflanze angesehen werden.

Senecio leucostachys, kann durch Sommerstecklinge überwintert werden.

Teucrium fruticans, Kübelpflanze mit weißbehaarten Trieben.

Graue Gräser

Arundo donax, Pfahlrohr, braucht Winterschutz.

Elymus arenarius, Blaustrandhafer, invasiv.

Festuca in Arten und Sorten. Die unterschiedlichen Schwingelgräser sind besonders gut auf kargen Böden.

Helictotrichon sempervirens, Blaustrahlhafer, bringt feine Formkontraste inmitten kleinblättriger, sonnenliebender Bodendecker.

Melica ciliata, Wimperperlgras.

Sesleria caerulea, Kopfgras.

Pflanzen mit gelb getöntem und gelb panaschiertem Laub

Die Blattetagen von *Gleditsia triacanthos* 'Sunburst' geben sich permanent sonnendurchflutet, ob die Sonne nun scheint oder nicht. Sie sind gelbgrün getönt und vermitteln so diesen Eindruck. Ich mag gerne gelbgetöntes, sogenanntes goldenes Laub; es wirkt so viel sanfter in der Tönung als vergleichsweise gelbes Herbstlaub und es paßt zu fast allen Blütenfarben.

Die Efeusorte 'Buttercup' und eine gelbblättrige *Catalpa* sind sehr auffällige Blattschmuckpflanzen, die ich selbst im Garten habe. Die *Catalpa* wächst zwar langsam, doch ich möchte sie für den gegebenen Platz, auch später nicht, in Baumdimension haben. Ich werde sie dann stark beschneiden. Der alljährliche Rückschnitt bedingt obendrein, daß die Blätter besonders groß werden. Der *Catalpa* benachbart sind ein Feuerdorn und *Rosa ecae*. Die Kombination ist ganz nach meinem Gusto, nur ist bis jetzt die *Catalpa* den Strauchnachbarn noch nicht über den Kopf gewachsen. So werden die Blätter bei Sturm häufig von den dornigen Nachbarn zerfetzt, was so aussieht, als hätte ein unbekanntes Krallentier ausgerechnet die *Catalpa* als bemitleidenswertes Aggressionsobjekt auserkoren.

Die Efeuteppiche von 'Buttercup' sind von Mai bis Ende September besonders strahlend, mit abnehmender Sonne vergrünen sie allmählich, fallen aber selbst noch im Winter durch ihr helles Lindgrün auf.

Hinter einer Buchenhecke, die meinen Vorgarten abschließt, kultiviere ich verschiedene gelbe, orangefarbene und scharlachrote Blütenpflanzen. Dazu finden sich als Nachbarn viele Pflanzen mit purpurnen oder goldenen Blättern. Neben den genannten scheinen mir die Fontänen von dreierlei Gräsern besonders empfehlenswert, weil sie zu unterschiedlicher Jahreszeit den Flor benachbarter Blumen farblich bereichern.

Da ist zunächst *Milium effusum* 'Aureum', ein Gras für den Frühling. Sein hellgelbes Laub ist aufregend zu feurigen und samtdunklen Primeln unter den rotblühenden Quittenzweigen.

Von Mai bis in den Juli hinein zieht *Carex elata* 'Bowles Golden' eine Segge mit ihren Goldfontänen die Blicke auf sich. Gibt sich das Wetter trocken-heiß, werden die Fontänen etwas müde.

Jedermann, der im Sommer oder Herbst *Hakonechloa macra* 'Alboaurea' sieht, will dieses lebhaft variegierte Gras aus Japan sofort haben. Im Herbst gibt sich das farbkräftige Laub noch bronzefarben überlaufen.

Für einen Kupferbottich verwende ich als sommerlichen Pflanzschmuck die gelbblättrige Selektion von *Helichrysum petiolare*, die in England häufig im Handel unter 'Limelight' geführt wird. Das milde Buttergelb der Blätter sieht hübsch zu blauen Blumen aus. Leider ist die Pflanze nicht winterhart. Ich mache im Sommer Stecklinge für den Schmuck im Folgejahr. Ähnlich sanft im Ton ist das Gelb von *Hosta sieboldiana* 'Semperaurea', einer Funkie, die »durchhält«, was die Laubfärbung betrifft. Die Selektionen von *Hosta fortunei* mit gelbgetuschten Blättern, so schön sie im Frühsommer sind, vergrünen leider.

Unter den gelbnadeligen Koniferen erscheint mir *Thuja occidentalis* 'Rheingold' empfehlenswert, weil sie besser als andere goldene Koniferen Sonnenbestrahlung bei Frost erträgt. *Aucuba japonica* 'Variegata' bleibt sogar im Schatten brillant. Sie erträgt in Hamburg den Winter, ist aber sonst von zweifelhafter Winterhärte.

Ein hartes, immergrünes Gehölz mit gelbgetuschtem Laub, das ich empfehlen kann, ist *Euonymus fortunei* 'Emerald'n Gold', eine auffällige, amerikanische Sorte der Kriechspindel. Sie macht sich gut mit immergrünen Farnen und ist ein lebhafter Nachbar für die allerersten Zwiebelblumen.

Bäume mit gelb getuschtem Laub

Catalpa bignonioides 'Aurea'.
Gleditsia triacanthos 'Sunburst'.
Robinia pseudoacacia 'Frisia'.
Ulmus × hollandica 'Wredei'.

Gehölze mit gelbüberlaufenem Laub

Calluna vulgaris in Sorten.
Sambucus racemosa 'Plumosa Aurea'.
Hedera helix 'Buttercup'.
Humulus lupulus 'Aureus'.

Gelbnadelige Koniferen

Chamaecyparis lawsoniana 'Lanei' und 'Stewartii'.
Chamaecyparis pisifera 'Filifera Aurea Nana', eine empfehlenswerte, kleine Haarzypresse.
Juniperus chinensis 'Old Gold' und 'Pfitzeriana Aurea'.
Taxus baccata 'Washingtonii', die gelbe Strauch-Eibe, wächst breit ausladend und braucht Platz.
Thuja occidentalis 'Rheingold'.

Stauden und Gräser

Filipendula ulmaria 'Aurea', ist nur für frisch-feuchten Standort empfehlenswert.
Hosta fortunei 'Aurea'.
Hosta sieboldiana 'Semperaurea'.
Milium effusum 'Aureum'.

Gelbvariegierte Gehölze

Aucuba japonica 'Variegata'.
Cornus alba 'Spaethii'.
Euonymus fortunei 'Emerald'n Gold'.
Ilex aquifolium 'Golden Milkboy' und 'Golden Queen'.
Ligustrum ovalifolium 'Aureum'.
Weigela florida 'Variegata'. Der Austrieb ist spätfrostgefährdet.

Hedera colchica 'Paddy's Pride' hat exotisches Flair. Von den in unserem Klima kultivierten Arten entwickelt er die größten Blätter. An Nord- und Westwänden wird dieser Efeu auch harte Winter überstehen. An dunklen Wintertagen erst, lernt man seine Blätter richtig wertzuschätzen. Man mag dann einige schneiden, um ein paar kostbare Winterblüten zu arrangieren.

Kletterpflanzen

Hedera colchica 'Sulphur Heart' (syn. 'Paddy's Pride').
Hedera helix 'Goldheart'.
Lonicera japonica 'Aureoreticulata', Duft.

Stauden mit gelbvariegiertem Laub

Astrantia major 'Sunningdale Variegated'.
Brunnera macrophylla 'Variegata', braucht unbedingt Windschutz und Halbschatten.
Hosta fortunei 'Aureomaculata' hat ein buttergelbes Blattzentrum, das sommers vergrünt. Bei 'Obscura Marginata' halten sich die gelben Blattränder bis in den Herbst.
Hosta sieboldiana 'Frances Williams', blaugrüne Blätter mit hellgelben Rändern.
Hosta tokudama 'Nebulosa' (syn. 'Variegata'). Nicht zu Blütenpflanzen gesellen, denn die löffelartigen Blätter sammeln abgeworfene Blütenpetalen und Staubgefäße von benachbarten Pflanzen.
Hosta ventricosa 'Aureomaculata', hat dunkellila Blüten.
Iris foetidissima 'Variegata'.
Iris pallida 'Variegata'.
Iris pseudacorus 'Variegata', vergrünt im Sommer.
Polygonum filiforme 'Variegatum'.
Salvia officinalis 'Icterina'.
Sedum alboroseum 'Variegatum'.
Symphytum × uplandicum 'Variegatum', nach der Blüte sofort zurückschneiden, Schneckenfraß.
Thymus × citriodorus 'Doone Valley'.
Thymus vulgaris 'Golden King', braucht Winterschutz.
Tolmiea menziesii 'Variegata', ist als Topfpflanze gleichermaßen empfehlenswert.
Vinca major 'Variegata', leidet durch Barfröste.

Gräser

Carex morrowii 'Variegata'.
Carex elata 'Bowles Golden'.
Hakonechloa macra 'Alboaurea'.
Miscanthus sinensis 'Strictus', quergestreift.
Phyllostachys aurea 'Variegata'.
Spartina pectinata 'Aureomarginata'.

Pflanzen mit weißpanaschiertem Laub

Als panaschiertes Laub bezeichnet man gemeinhin alle Blätter, die durch einen Mangel an Chlorophyll hellere Fleckung und Säume aufweisen. Pflanzen mit panaschierten Blättern sind schwachwüchsiger als die grünblättrigen Ursprungsformen, da sie nicht so gut assimilieren können. Weißvariegierte Pflanzen sind besonders im Schatten und Halbschatten gut aufgehoben, weil sich dort die empfindlichen hellen Blattsektionen ausgeprägt entwickeln und kaum unter intensiver Sonneneinstrahlung leiden.

Ich besitze eine Kollektion von unterschiedlichen variegierten Pflanzen, manche darunter sind sehr selten. Ich mag sie sehr gerne im Verein mit anderen Pflanzen, doch sollte man Variegaten nicht großflächig verwenden. Selbst bei flächig wachsenden Stauden wie *Ajuga* oder *Pachysandra* (eigentlich ist sie ein Gehölz) ist es schöner, wenn diese von einfarbigen Blättern anderer Pflanzen gerahmt werden.

Die variegierten Blätter sollten also einen gezielten Kontrast bilden, den man bewußt einsetzt zur Steigerung aller beteiligten Pflanzen. Abhängig von der zu gestaltenden Fläche kann der verwendete Blattkontrast aus einer Einzelpflanze bestehen oder aus mehreren Exemplaren, die eine kleine Gruppe bilden. Variegaten in großer Zahl wirken unruhig. Richtig und mäßig verwendet, können Variegaten aber einem ganzen Gartenareal speziellen Charakter und Stimmung geben. Ich denke besonders an schattige, unfreundliche Gartenhöfe in den Städten.

Gehölze mit panaschiertem Laub

Acer negundo 'Variegatum', der Silberbunte Eschenahorn, scheint mir der einzige empfehlenswerte Baum mit variegiertem Laub zu sein.
Ilex aquifolium 'Argenteomarginata', unter diesem Namen sind männliche und weibliche Exemplare der Stechpalme mit weißen Blattsäumen im Handel. Die Sorte 'Handsworth New Silver' hat grau gemarbelte und weißgesäumte Blätter.
Cornus alba 'Elegantissima', weißbunter Hartriegel.
Euonymus fortunei 'Emerald'n Gaiety' ist eine härtere Sorte der Kriechspindel als die ebenfalls schöne 'Silver Queen'.

Hosta fortunei 'Aureomaculata' ist eine der erfreulichsten Blattschmuckstauden im frühlingshaften Garten, wenn die sich entfaltenden Blätter buttergelb gezont sind. Diese Farbqualität hält sich bis in den Juni, denn wie im Bild erkennbar, vergrünen die vollentwickelten Blätter.

Hosta undulata 'Univittata' bleibt bis in den Herbst hinein ansehnlich. Typisch sind die leicht spiralig verdrehten Blätter. Sie eignet sich gut als Randpflanze in kleinen Beeten. Hier wächst sie mit Hedera helix 'Tres Coupé' in steingefaßtem Hochbeet.

Hedera helix, es gibt Sorten mit Säumen, wie 'Adam', gemarbelte, wie 'Marmorata Minor' und solche, die zwischen grünen Blättern ein einzelnes weißes Blatt oder eine Gruppe von gemarbelten, weißgrünen Blättern haben, wie 'Trinity'.
Pieris japonica 'Variegata', ist sehr hübsch und schwachwüchsig, aber spätfrostgefährdet.

Stauden mit panaschiertem Laub

Arum italicum 'Pictum'.
Brunnera macrophylla 'Langtrees', hat ringförmig gesetzte Silberflecken.
Fuchsia magellanica 'Variegata', ist eine weißbunte Selektion der sogenannten winterharten Fuchsien.
Hosta crispula hat wellige Blätter mit weißen Blattsäumen.
Hosta helonioides 'Albopicta' hat schmale, weißgesäumte Blätter.
Hosta undulata 'Univittata' zeigt wellige, zentralgestreifte Blätter mit grünen Säumen.
Pachysandra terminalis 'Variegata'.
Thymus vulgaris 'Silver Queen', braucht Winterschutz.
Vinca major 'Variegata' ist immergrün, leidet aber sehr bei Barfrösten.
Vinca minor 'Variegata' ist härter, aber selten im Handel.

Gräser

Arrhenatherum elatius ssp. *bulbosum* 'Variegatum'.
Miscanthus sinensis 'Variegatus'.
Molinia caerulea 'Variegata'.
Von einzelnen Zwiebelpflanzen gibt es Selektionen mit weißbunten Blättern, aber sie sind sehr selten im Handel zu finden und ausgesprochene Sammlerstücke.

Die simple Längsteilung durch einen Ziegelweg, die betonte Mitte durch ein Pflanzgefäß und vier Buchskugeln, lassen erkennen, daß hier der Bauerngarten Inspirationsquelle war. Hier wächst nun freilich kein Gemüse mehr, aber es finden sich viele aromatische Pflanzen und altvertraute Gartenblumen, die einst im alten Bauerngarten wuchsen. Doch anders als im alten Bauerngarten, wird durch das, was letztenendes sich benachbart gibt, durch die sanften Laub- und Blütenfarben, durch die abgestimmten Strukturen, ein striktes ästhetisches Konzept aufgezeigt.

DIE KUNST DES PFLANZENS

Über die Verwendung von Koniferen

Der Begriff Koniferen deckt Bäume wie Sträucher ab. Ich bin mir nicht sicher, ob ich über die Bäume unter ihnen ein Wort verlieren soll, besonders über die Fichten und Tannen, die jedermann um sich hat und mir ein spezieller Greuel sind. Sie stehen da, eng gepfercht an den Grundstücksgrenzen, sollen Sichtschutz gewähren und nehmen letztenendes nur dem Nachbarn die Sonne weg. Gekappt, werden sie sich niemals zu einer ansehnlichen Hecke entwickeln. Als alleinstehende Solitäre verwendet, mag ich sie auch nicht, weil ich allgemein keine Solitäre mag. Vielleicht sind Nadelbäume im Garten leichter zu akzeptieren, wenn diese sich auch jenseits der Grenze, auf einem Waldgrundstück finden, dort, wo sich unter Fichten und Tannen auch andere Bäume mischen. Mir kommen weitläufige Rhododendrongärten in den Sinn, wo unter Fichten, Kiefern und Lärchen in weitem Stand, genug Licht ist, daß Rhododendren und ihre staudigen Begleitpflanzen zufriedenstellend blühen können.

Eine Kiefer als Einzel-Hausbaum kann ich mir durchaus als wünschenswert vorstellen, besonders die Gemeine Kiefer mit ihrer rotbraunen Rinde und den malerisch, unregelmäßig gestellten Ästen. Ich würde allerdings noch ein paar Krummholzkiefern und den Rostbart-Ahorn, *Acer rufinerve*, dazupflanzen. Der Rostbart-Ahorn lädt förmlich dazu ein, noch andere, kleinere Ahorne dazu zu bringen. Stellen Sie sich vor, in einem Hain zierlicher Fächerahorne zu stehen, die zarte Blattmuster auf kiesbelegte Flächen werfen. Wäre das nicht ein hübscher Ausgangspunkt, um duftende Azaleen, Lilien und Hortensien zu pflanzen?

Aber zurück zu den Koniferen. Sie sind wunderbar, wenn sie einer Pflanzung ein malerisch-horizontales Element oder einen vertikalen Akzent geben, die auch im Winter bestimmend bleiben. Der schlanke, säulenartige Wuchs mancher Koniferen könnte eine Blickachse säumen, oder sogar Herzstück und Endpunkt einer Vista sein. Koniferen mit breit-horizontalem Wuchs eignen sich vorzüglich, räumliche Wirkungen zu erzeugen, im Sinne einer Hecke, aber eine solche müßte nicht beschnitten werden.

Koniferen verkaufen sich gut. Als Jungpflanzen sind sie mindestens so niedlich wie Plüschtiere. Man stopft sie beispielsweise in irgendwelche Pflanzkästen und Kübel und hofft, das Problem einer Kübelpflanzung mit ihnen dauerhaft gelöst zu haben. Die Schwierigkeiten fangen an, wenn die Exemplare größer und immer größer werden. Leider reagieren Koniferen auf harten Rückschnitt verstimmt oder ihr Wuchsbild ist für immer ruiniert. Man muß sie dann einfach entfernen, wenn sie den gewünschten Proportionen entwachsen sind. Ich habe in englischen Arboreten Kollektionen sogenannter kleinbleibender Koniferen gesehen, aber klein geblieben waren sie allesamt nicht.

Koniferen mit brillant gefärbten Nadeln sind als kleine Exemplare wunderbar in gemischten Pflanzungen zu verwenden, wo sie mit immergrünen Bodendeckern im Winterhalbjahr farbige Akzente setzen. Auch als immergrüne Begleitpflanzen für Frühblühendes sind sie gut zu verwenden. Ich bringe vor meine gelbe Haarzypresse die orangefarbenen Kelche der Tulpe 'Prinz von Österreich' oder die scharlachroten, violett überhauchten Blüten der Tulpe 'Couleur Cardinal'. Die gleichfalls auffällige, gelbnadelige Scheinzypresse 'Lanei', die bei mir im Vorgarten der Dimension eines Strauches entwächst, werde ich entfernen. Als Baum finde ich sie zu aufdringlich. Als Säule, um die zwei Meter hoch, war sie mir Begleitpflanze und Hintergrund für gelbe Kaiserkronen und weiße Lilienblütige Tulpen. Sommers fanden sich immer um sie herum Driften weißer *Campanula persicifolia* ssp. *sessiliflora* 'Alba' zu den blaßgelben Margaritenbüschen der *Anthemis tinctoria* 'Wargrave'. Und spät im Jahr fand ich die leuchtend gelbe Benadelung erfreulich als Hintergrund für die weiße Japananemone 'Honorine Jobert'.

Der Pfitzerwacholder mit malerisch horizontal getragenen Schleppen gibt dieser gemischten Pflanzung permanente Struktur und optischen Halt. Gelbes Phlomis russeliana und Delphinium-Hybriden betonen, höchst reizvoll, die Vertikale. Im Vordergrund wird ein weiterer Kontrast durch die kugelig-gerundete Wuchsform von Santolina chamaecyparissus geboten. Stachys byzantina variiert das Grausilber der Santolina. Diese Pflanzkombination findet sich in Rosemary Vereys berühmter Gartenanlage Barnsley House in Gloucestershire, England.

Häufig sieht man die Vielfalt der Koniferen mit buntlaubigen Heidekräutern kombiniert. Die Kombination beschert eine Variation an Nadeltönen, die zu jeder Jahreszeit attraktiv sind. Die Liebhaber solcher Pflanzkombinationen streichen immer den »ordentlichen« und pflegeleichten Akzent heraus. Mir, ehrlich gesagt, ist das als alleinige Gartenbepflanzung zu stilisiert-monoton.

Die heimische Eibe, *Taxus baccata*, mag ich immer, ob sie sich als schlanke Säule, als breitausladender Strauch oder als zurechtgestutzte geometrische Figur präsentiert. Sie eignet sich unter den Immergrünen am besten dazu, eine Hecke zu bilden und verträgt jeden Formschnitt. Sie verkahlt wohl, wenn anderes sie bedrängt, hat aber die Fähigkeit, sich aus schlafenden Augen erneut zu begrünen, sobald man die Behinderung entfernt. Zu breit gewordene Hecken lassen sich drastisch beschneiden. Ich mag das Dunkelgrün der Eibe, das andere Pflanzenfarben so vorteilhaft herausstreicht. Eiben sind frosthart und sie sind enorm schattenverträglich.

Zum Schluß noch einen Rat: verwenden Sie nicht viele Koniferen auf kleinem Gartenraum; das erweckt immer diesen Eindruck spießiger Kleinlichkeit, den so viele Vorstadt-Gärten vermitteln und deren Besitzer sich obendrein damit brüsten, dann im Herbst keine Blätter fegen zu müssen. Darüber hinaus finde ich auch, daß die einzelnen Arten, die Lebensbäume und Scheinzypressen Nordamerikas, die Wacholder Europas, die Scheinzypressen Asiens, mit sehr unterschiedlichen Vegetationsbildern und Gedankenverbindungen verknüpft sind. Die einzelnen Kultivare sind so eigenartig, daß sie, im Kunterbunt anderer Koniferen verwendet, disharmonisch wirken.

Rosen für die gemischte Pflanzung

Man verzeihe mir, wenn ich sage, daß ich mir nichts aus einem Rosengarten mache. Ich meine einen Rosengarten im Sinne eines Rosariums, wo nur jede Menge Rosenbüsche zu finden sind und sonst nicht viel mehr. Ich meine, daß man die Schönheit unserer Lieblingsblume im Privatgarten auch anders aufzeigen kann als durch ein Dutzend Rosenbüsche auf einem Viereckigen Beet. Rosensträucher allgemein sind nicht sonderlich attraktiv in ihrem Wuchsbild. Sie in einer Monokultur zu halten, bietet lediglich den Vorteil, sie leichter mit Fungiziden behandeln zu können. Man kann sich natürlich in der illusionistischen Gewißheit wiegen, daß die eigenen Rosen nie vom Sternrußtau oder vom Mehltau befallen werden, doch früher oder später, wenn es keine Wildrosen sind, ereilt sie das Schicksal. Unter andere Pflanzen gemischt, bleiben sie nicht nur länger gesund, sie können dann von der engelhaften Schönheit der Rose überzeugen und die Begierde nach weiteren himmlischen Rosen schüren.

Zunächst geht es darum, für sich selbst die richtige Auswahl an Rosen zu treffen. Braucht man die Teehybriden wirklich, die sich im Vorgarten breit machen? Vielleicht möge jemand einwenden, er brauche etwas für die Vase und obendrein habe er nicht die Zeit, um Einjährige als Sommerbepflanzung heranzuziehen. Das mag durchaus so sein, aber Hand aufs Herz, ist ein Strauß duftender Floribundarosen nicht gefälliger?

Ich will hier nicht untersuchen, wie weit Rosen Arbeit machen und wie viel Zeit dafür aufzuwenden ist, ich will nur darauf hinaus, daß die Rosen, wenn sie nicht gerade blühen, sterbenslangweilig sind. Als ernstzunehmender Liebhabergärtner ist man eher geneigt, Mühen und Plagen hinzunehmen. Es mag einfacher sein, ein Rosenbeet zu pflegen, wer aber die Rosen in einer gemischten Pflanzung hält, zusammen mit anderen Sträuchern und Stauden und mit Zwiebelblumen, kann sich vor und nach der Rosenblüte an dem Raum erfreuen, den die Pflanzen beanspruchen und wird sich zu vielfältigen Gartenerlebnissen und -Bildern verhelfen.

Die Rose 'Raubritter' ist wirklich empfehlenswert. Sie ist hart und sie wächst selbst auf Sand noch zufriedenstellend. Die Blüten behalten die reizvolle Kugelform bis zum Abfallen der Blütenblätter. Und sie halten sich lange gut! Hier sind dieser Rose aromatische Begleitpflanzen zugesellt: Lavandula angustifolia und Salvia lavandulifolia (am oberen Bildrand).

Anders als eine Teehybride, mit den stilisierten Einzelblüten auf langem Stiel, tragen die Floribundarosen die Blüten zu mehreren in einer Dolde. Nach dem Krieg entstanden Hybriden, die schwer in die eine oder andere Kategorie zu ordnen sind; Rosen wie 'Queen Elizabeth' oder 'Duftwolke' sind Beispiele dafür. Moderne Strauchrosen, Kletterrosen und alte Gartenrosen, die vor den Teehybriden entstanden sind, bilden zusätzliche Gruppen. Die sogenannten Wildrosen umfassen Rosenspecies und auch jene Hybriden, die den Species sehr nahe stehen. Außerdem ist noch die Gruppe der Miniaturrosen zu nennen.

Wer den Begriff »bodendeckende Rosen« erfunden hat, dem bin ich zeitlebens gram. So dicht ist der Wuchs selten, daß nichts anderes zwischen den Rosentrieben zur Entwicklung käme. In den öffentlichen Straßenbegleitpflanzungen können

Die Kombination von rosa Strauchrosen mit dem Frauenmäntelchen ist immer hübsch, ob in der Vase oder im Garten und beinahe schon ist sie klassisch zu nennen, obwohl dies kaum länger als ein gutes Jahrzehnt praktiziert wird. Die Rose im Bild, Rosa Mundi oder Rosa gallica 'Versicolor' ist uralt. Sie ist ein Sport der Apothekerrose (Rosa gallica var. officinalis), der es irgendwann vor annähernd 500 Jahren gefiel, die Blütenblätter gestreift zu tragen.

selektive Herbizide jeglichen krautigen Unterwuchs verhindern, im Hausgarten wird man sich höchstwahrscheinlich Hände und Arme blutig kratzen, wenn man notgedrungen jäten muß.

Hierzulande pflanzen wir duftende Kletterrosen ans Haus oder an freistehende Pergolen. Wir betonen Gartenpforten und schmücken Lauben mit ihrem Flor. Kletterrosen in alte Obstbäume, in Weißdorn, Stechpalmen oder Eiben zu lenken, wie es die Engländer tun, ist bei uns weitgehend unbekannt. Ich meine nicht, daß uns Deutschen der Sinn für diese Art Romantik fehlt, sondern es mag daran liegen, daß die Rosen nicht so hart sind, wie es dafür vonnöten wäre, oder aber schlichtweg sich in unseren Hausgärten kaum genügend alte Obstbäume dafür finden. Ich selbst habe einen Apfelbaum und eine Pflaume, da ich aber die Früchte unbehindert ernten will, ist es unpraktisch, sie als natürliche Kletterhilfen zu mißbrauchen. Jedoch, wer den Platz hat und genügend wüchsige, harte Rosen, sollte seine Rosen in blühenden Kaskaden aus den Bäumen fallen lassen, wie es schon Gertrude Jekyll 1902 ihren Lesern in »Roses for English Gardens« empfohlen hat. Ich werde gewiß den stolzen Besitzer ein wenig beneiden um dieses Attribut.

Rosen haben keine Fernwirkung. Die vielen Rosengärten, die ich besucht habe, hatten häufig immergrüne Buchs- und Eibenkulissen, vor deren dunklem Hintergrund sich der Rosenflor gut abhob.

Moderne Strauchrosen als Kategorie umfassen sehr unterschiedliche Rosencharaktere. Es gibt hohe und niedrige Sorten, die sich als Sträucher in gemischten Pflanzungen sehr gut machen. Leider werden sie von den Liebhabergärtnern zu selten verwendet, unter dem Vorurteil, daß sie zu viel Platz beanspruchen und viele nur einmal blühen würden. Die Hybriden der *Rosa rugosa* beispielsweise haben robustes, gesundes Laub und guten Rosenduft. Sie blühen lange und sie wachsen noch zufriedenstellend auf ärmsten Böden. Ihre Hagebutten, groß und rot wie Kirschtomaten, sind ein weiterer Bonus. Ich habe als Begrenzung meiner Purpurpflanzung die Sorte 'Roseraie de l'Hay' gepflanzt und es seither nicht bereut. Allenfalls die Ausläufer der zu tief gepflanzten Rose fallen mir lästig. Diese Sorte blüht als eine der ersten Rosen im Mai und fährt fort zu blühen bis in den November hinein. Der Duft ist reich und schwer. Die Blütenfarbe, ein Purpurrot, bereichert die Kombination von karminrot bis violett blühenden Stauden und Sträuchern rötlicher Blattfärbung. In meinem Vorgarten, auf ärmstem Sand, wächst eine weitere Rugosa-Rose namens 'Blanc Double de Courbet', die schöne, glänzende Blätter hat und weiß blüht. Sonst noch im Garten finden sich bei mir die hohe 'Belle Poitevine', rosablühend, und die unentwegt blühende 'Sarah van Fleet', deren Blüten für meinen Geschmack etwas süßlich-rosa geraten. Sehr empfehlenswert sind die delikaten Blütenschalen der 'Frau Dagmar Hastrup' als Gartenschmuck.

Zu den Strauchrosen, die ich empfehlen kann, gehört 'Golden Wings'. In ihrer Ahnenreihe ist die schottische Zaunrose, daher ist sie frosthart und gesund. Mittlerweile ist sie mehr als zwei Meter hoch und der 'Blanc Double de Courbet' benachbart. 'Golden Wings' schenkt mir von Juni bis Oktober große, hellgelbe Blütenschalen. Ich schneide die Hagebutten ab, um die Rose zum Weiterblühen zu stimulieren. An Wildrosen habe ich *Rosa glauca* mit rötlich überlaufenem Laub. Die kurz blühenden, rosaroten Blütchen entwickeln sich zu braunroten Früchten. Dann habe ich die schöne chinesische *Rosa moyesii*, eigentlich ist es die in England entstandene Sorte 'Geranium'. Der Name ist irreführend, 'Geranium' blüht in leuchtendem Karmin zwischen farnähnlicher Belaubung. Die siegellackroten, birnenförmigen Hagebutten sind sehr auffällig. *Rosa californica* 'Plena' hat sich sogar auf meinem Sandboden zu einem Riesenexemplar von drei Metern Höhe entwickelt. Sie blüht nur einmal im Juni, ist dann aber eine spektakuläre rosarote Fontäne.

Alte Gartenrosen sind immer noch faszinierend. Seit einem Jahrzehnt gibt es sie auch wieder in all der Vielfalt hierzulande zu kaufen. Der Lobgesang auf sie ist seither nicht verstummt. Diese Anziehungskraft wird zum Teil verständlich durch die historischen Assoziationen, die sie hervorrufen. Der Umstand, daß diese Rosen sich so ganz anders geben als die meisten Rosen moderner Züchtungen, scheint mir noch gewichtiger zu sein für die nicht nachlassende Popularität. Ich finde, diese Rosen verschwenden sich zur Blütezeit in einem Meer von Blüten, nichts wirkt kleinlich oder knauserig an ihnen. Ach, und sie duften!

Rosa × alba gibt es in rosafarbenen und weißen Sorten. Die Blätter sind deutlich graugrün getönt. Mit einer sprichwörtlichen Unverwüstlichkeit hält diese Rose es selbst an Plätzen aus, wo andere schon längst versagen.

Auch die Sorten der Damascener-Rose haben die Frosthärte der ursprünglichen Art aus Kleinasien geerbt. Sie brachte sogar eine remontierende Variante hervor.

Die gestreiften Blüten der Rosa Mundi sind immer ein Blickfang und sie duften herrlich. Dieser Rose gefällt es zuweilen, Ausläufer zu bilden und auf Wanderschaft zu gehen, besonders auf leichten Böden. Doch dort, gottlob, fällt das Roden nicht allzu schwer.

Rosa gallica ist die älteste und berühmteste aller Rosen. Enorm robust und überlebenstüchtig, wurde sie an vielen Orten gefunden, an denen die römische Kultur ihre Spuren hinterließ. Es gibt von ihr wunderschöne Sorten.

Die bekanntesten Sorten der Zentifolien entstanden im 16. und 17. Jahrhundert in den Niederlanden. Eine Mutation der Zentifolie ist die Moosrose. Typisch für sie ist, daß die drüsig behaarten Hüllblätter aromatisch duften.

Mit der aus Asien stammenden *Rosa indica*, die, in die Sorten der europäischen Rosen eingekreuzt, die Stammformen unserer heutigen Teehybriden ergaben, und die auch gelb blühten, entstanden weitere bewundernswerte Rosensorten. Leider sind die schönen Bourbonrosen wie auch die Remontantrosen nicht mehr so frosthart, wie man es sich wünscht.

David Austin, englischer Rosenzüchter, hat Rosen geschaffen, die die Anmut historischer Rosen mit Tugenden moderner Rosenhybriden in sich vereinen. Diese sogenannten Englischen Rosen finden allmählich ihren Weg in unsere Gärten.

Die sanften Rosa- und Mauvetöne, das Karminrot historischer Rosen, kommt gut zur Geltung zwischen sonnenliebenden, graulaubigen Stauden, wie unterschiedlichsten Rauten, dem Heiligenkraut, dem Salbei. Ich habe der lebhaften 'Rosa Mundi' (*Rosa gallica* 'Versicolor') zu ihren weiß-rot gestreiften Blüten violettblaue Bartiris und die kindskopfgroßen, starren Blütenstände von *Allium christophii* hinzugesellt. Auf dem gleichen Areal, in meiner Purpurpflanzung, kultiviere ich an weiteren Rosen: Die starkduftende rosafarbene Remontantrose 'Mrs. John Laing', die weißrosige Zentifolie 'Fantin Latour' und die bereits erwähnte *Rosa californica* 'Plena'. Die dunkelsten Rosen in dieser Pflanzung sind die von Austin gezüchtete 'The Squire', die bewundernswerte Remontantrose 'Souvenir du Dr. Jamain' und die Gallische Rose 'Cardinal de Richelieu'. Ein wenig modisch wirkt die Floribunda-Rose 'Lavender Pinocchio' durch die Blüten in bräunlichem Mauve. Zur Hauptblütezeit im Juli werden die Rosentöne moduliert durch die Laubfarben von *Prunus cerasus* 'Cistena' und *Berberis thunbergii* 'Atropopurea Nana'. Zusammen mit den Rosen blühen die auffälligen Sorten der Bartiris, vorzugsweise in rotvioletten, blauvioletten und rosalilafarbenen Tönen, die Arten des Storchschnabels, samtige Bartnelken, altmodische Sorten der Polsternelke, Hybriden aus *Dianthus plumarius*, die ich durch Stecklinge vermehre, von dunkler Färbung mit hellen Säumen. Die Differenzierung der Purpurtöne wird weiter durch Salbei-Arten, durch blühenden Thymian und durch die Blattfärbung verschiedener Fetthennen, *Sedum*-Arten, vorangetrieben.

In einem anderen Gartenteil, von einer Eibenhecke begrenzt, wächst im Verein mit vielen Küchenkräutern und unterschiedlichsten blauen Blumen die füllige, starkduftende Bourbonrose 'Mme Lauriol de Barney'. Sie wird spiralförmig um zwei Meter hohe Holzpfähle gelenkt. Eine wüchsige Rose, die mir als 'Agatha Incarnata' geschenkt wurde, sich aber als eine schöne Unbekannte erwies, lenke ich gleichfalls an Holzpfählen in die Höhe. Unter den Rosen blühen lilafarbene, violettblaue und weiße Hornveilchen. Die Ranken des Stachelnüßchens 'Blue Haze' nesteln zwischen den rauhblättrigen Rosetten des Korsischen Boretschs, *Borago pygmaea*, der monatelang an gebogenen Trieben zierliche, hellblaue Blütenglöckchen produziert. Im Frühjahr blühen unter diesen Rosen Aurikeln, Traubenhyazinthen und Lungenkräuter. Goldlaubiger Majoran, kriechende Poleiminze, Estragon und die Ägyptische Zwiebel, *Allium cepa* var. *proliferum*, wetteifern um den Platz und bereichern meine Salatwürze.

Einen Ziegelweg flankieren die makellose, weiße Damascenerrose 'Mme Hardy', die Gallische Rose 'Camaieux' und die Bourbonrose 'Variegata di Bologna', beide mit lebhaft gestreiften, weiß-rosaroten Blüten, sowie die Alba-Rose 'Celestial' mit graugrünen Blättern zu hellrosafarbenen Blüten. Sie sind mit einer Vielzahl reinblauer und violettblauer Blumen, mit grünblauen Funkien, mit stahlblauer Quecke (*Agropyron pubiflorum*) benachbart. Bemerkenswert unter den blauen Blumen sind hier vielleicht noch: Scheinmohn, *Meconopsis grandis* 'Branklyn', niedrigwachsender Rittersporn, *Delphinium grandiflorum* und *Delphinium*, Belladonna-Hybriden; Hundszunge, *Cynoglossum nervosum*; *Lindelofia longiflora*; Ochsenzunge, *Anchusa azurea*; *Veronica austriaca* ssp. *teucrium*. An violettblauen Blumen: Akeleien, *Clematis × durandii*, *Clematis × eriostemon*, *Clematis douglasii* var. *scottii*, Glockenblumen, *Campanula × burghaltii*. Die Fingerhutsämlinge und die Akeleien-Hybride 'Norah Leigh' zeigen rosige Töne. Die Rosen selbst sind mit Traubenhyazinthen, mit rotlaubigem Günsel, mit dem silbergesprenkelten Kaukasusvergißmeinnicht, *Brunnera macrophylla* 'Langtrees' und mit weißpanaschierter Poleiminze unterpflanzt.

An einem einfach gezimmerten Rankgerüst aus Dachlatten ziehe ich die hellgelbe Kletterrose 'Leverkusen', Seite an Seite mit der hellvioletten *Clematis* 'H. F. Young'. Rosarot, heller oder dunkler blühend, sind die nach Myrrhe duftende Englische Rose 'Constance Spry', die Zentifolie 'Bullata' und *Clematis* 'Hagley Hybrid'. Nach dem Rosenflor bringt *Clematis* 'Perle d'Azur' ihre so überraschend blau wirkenden Blüten. Zwischen den Rosen und der *Clematis* profitieren *Lavatera olbia* 'Rosea', Fingerhut und Wegwarte von der reichlich bemessenen Rosennahrung und geraten, für meinen Geschmack, ein wenig zu mastig, aber im August, wenn dann die Wegwarte auf mannshohem Pflanzgerüst blaue Blüten trägt, bin ich's zufrieden.

Scharlachrote Rosen entstanden um die Mitte dieses Jahrhunderts. Bis in die siebziger Jahre hinein wetteiferten die Rosenzüchter, das Rot der Rose 'Superstar' ohne leidiges Verblauen darzubieten. Unzählige blendend orangerote Sämlinge entsprossen den amerikanischen wie europäischen Sämlingsquartieren, die auf dem Markt eine Art Rosenschwemme verursachten. Die einzige scharlachrote Rose, die ich im Garten habe, ist die Miniaturstrauchrose 'Eyepaint'. Sie ist sehr auffällig. Eine weiße Zone umzirkelt die Staubgefäße und bildet einen Ring im Zentrum der ungefüllten Blütenschalen. 'Eyepaint' steht in dem Areal, das ich der Kombination meiner gelb-roten Blumen vorbehalten habe. Der Rose ist eine gelbe Haarzypresse zur Seite gestellt. Darüber hinaus begleiten, von Jahr zu Jahr wechselnde, nicht winterharte Pflanzen und Annuelle den Rosenflor. In einem Jahr ist es vielleicht die orangefarbene *Cuphea* cyanea, kombiniert mit rotblättriger *Canna*, in einem anderen Jahr mögen es die gelbgesternten Teppiche aus *Sanvitalia procumbens* oder *Calceolaria mexicana* mit ihren aufgeblasenen, schwefelgelben Blütchen sein.

In den »Red Borders« in Hidcote finden sich vielgerühmte, warmrote Floribundarosen wie 'Europeana', 'Lilli Marlen', 'Lavaglut', 'Marlena', kombiniert mit purpurbraunem Laub unterschiedlichster Pflanzen. In einer der beiden Rabatten waren auch die bogigen Triebe der Strauchrose 'Scharlachglut' zu entdecken. Der Name ist irreführend, denn die Rose blüht karminrot. Die ungefüllten, großen Blütenschalen waren zwischen rotbraunen Ahornblättern zu bewundern.

Ich fürchte, meine Ausführungen über Pflanzenkombinationen mit Rosen geraten etwas lang. Was ich aber dem Leser unbedingt nochmals ans Herz legen möchte: Geben Sie die Rosenbeete frei für andere Pflanzen oder bringen Sie Ihre Rosen zu anderen Pflanzen. Überlegen Sie: welche Blütensträucher im Garten wären geeignet, Nachbarn zu Rosen abzugeben? Vielleicht haben Sie strauchiges Johanniskraut, Fingersträucher, Strauchspieren? Wie schön würde sich der gelbfruchtige Feuerdorn 'Soleil d'Or' mit weißen Rosen machen. Ich entsinne mich, die beliebte Rose 'The Fairy' mit starkwachsendem, grünblauem Stachelnüßchen, *Acaena affinis*, und Zierlauch, *Allium carinatum* ssp. *pulchellum* 'Album', vereint gesehen zu haben.

Die bogigen Zweige der Fairy-Rose voller Röschen bringen die Miniaturrosen in Erinnerung. Zu den kleinsten Geschöpfen der Rosenzunft passen Teppichwacholder, *Juniperus horizontalis* 'Glauca', und immergrüne Kriechspindeln. Die Vogelfußsegge in weißbunter Form, *Carex ornithopoda* 'Variegata', blausilbriger Schafschwingel, Thymianpolster und die Rosetten der Hauswurz würden kleinbleibende Nachbarn abgeben. Aber warum nicht gelbe Miniaturrosen zu mehreren Exemplaren um eine rauchblaue *Perovskia* pflanzen? Was macht es, wenn die Rosen selbst zur Unterpflanzung werden?

Der weiche Purpurton, die wunderbar gefälteten Blüten, der Duft, lassen die Rose 'Reine des Violettes', dem Liebhaber historischer Rosen begehrenswert werden. Sie braucht allerdings kundige Pflege und eine reichbemessene Diät.

Apropos Unterpflanzung: ich habe alle Rosen unterpflanzt, oder aber es machen sich dort allerlei Pflanzen von alleine breit, die mir lieb sind. Da wäre das Labradorveilchen, das Mutterkraut *Chrysanthemum parthenium*, der Frauenmantel und einige Lerchensporn-Arten zu nennen. Gefällt mir die »Zufallsbekanntschaft«, lasse ich den Pflanzen ihre eigene Weise. Strohiger Dung unter Rosen als Mulchdecke bietet Vorteile, nur leider, bei beschränktem Gartenraum sieht das nicht sonderlich attraktiv aus. Eine lebende Mulchdecke ist da soviel hübscher. Freilich, die Rosendiät wird, da auch andere Pflanzen davon zehren werden, reicher bemessen sein müssen.

Zum Schluß noch ein paar Worte zu Annuellen als geeignete Rosenpartner. Alle kleinen, blauen Blumen wie Buschwinden, Enziangauchheil *Anagallis monelli*, Hainblume *Nemophila menziesii*, sind delikate Geschöpfe, die farblich den Rosenflor steigern können und zu niedrigen Floribundarosen passen. Altvertraute Sommerblumen, wie honigduftender Steinrich, Jungfer im Grünen, Leinkraut und Verbenen kann man Rosen zur Seite geben, nur keine fetten Hybriden in greller Blütenfarbe.

Kletterpflanzen, ein Geschenk für kleine Gärten

Mögen Sie efeubewachsene Hauswände? Wie gewöhnlich kann man von einer Sache ihren positiven Aspekt wie auch das Gegenteil sehen. Man kann den Schmuckwert ins Auge fassen, man kann den wärmenden, schützenden Isolationseffekt erörtern oder man kann angewidert, ob der vielen Spinnen, die in den Blattetagen an der Hausmauer wohnen, niemals Kletterpflanzen und Schlinger an die Hauswand pflanzen. Ich meine, daß wir hierzulande immer noch zu wenig unsere Hausmauern mit Grün bedecken, von der schönen Rose 'New Dawn' oder *Clematis × jackmanii* abgesehen. Auch sonst im Garten wird von den »oberen Stockwerken« viel zu wenig Gebrauch gemacht. Kletter- und Schlingpflanzen sind mir sehr willkommen, weil sie im Verhältnis zur beanspruchten Bodenfläche soviel Blätter und Blüten hervorzuzaubern verstehen.

Sie sind ein richtiges Geschenk für kleine Gärten. Ihre Art zu wachsen, ist manchmal unvorhersehbar und immer ein wenig geheimnisvoll, was sie mir besonders lieb werden läßt. Man denke nur daran, wie die Clematis zuweilen den eigenen Willen kundtut, indem sie von einem Tag zum anderen die zurechtgebundenen Triebe in eine andere Richtung lenkt.

Ich habe an die Nordwestwand eines Anbaus, einen ehemaligen Stall, der mir nur als Geräteschuppen und als Überwinterungsquartier für Heikles dient, Efeu gepflanzt. Da ich Variegaten gerne mag, nahm ich vor acht Jahren ein bewurzeltes Schnipselchen der Efeusorte 'Goldheart'. Von Jahr zu Jahr wurde die sichtbare Ziegelfläche kleiner und die Ranken mit den goldgefleckten Blättern wurden üppiger. Mittlerweile muß ich schon alljährlich ein dreiteiliges Fenster frei schneiden, das mir für die zu überwinternden Kübelpflanzen das notwendige Licht garantiert. Dem Efeu ist es gelungen, durch die nicht schließenden Ritzen des Fensters ins Innere des Überwinterungsraumes zu wandern. Natürlich, so spaßig ich das finden mag, kann ich doch nicht gestatten, daß mir das Golherzchen schließlich die Fenster aushebelt. Ursprünglich habe ich diese Sorte auch als Bodendecker eingesetzt, aber als Kletterpflanze ist sie schöner und überzeugender.

Der Schutz der Wand ist hilfreich, besonders in sehr kalten Wintern, wenn frei an Bäumen kletternder Efeu durchaus erfrieren kann.

Direkt an der Nordwestecke des Wohnhauses sind obendrein die üppigen Ranken von *Hedera colchica* 'Paddy's Pride' oder 'Sulphurheart', wie er auch genannt wird. Die breitovalen, lappigen Blätter sind sehr groß und spektakulär durch eine unregelmäßige, gelbe Blattzone. 'Paddy's Pride' beginnt schon einen schilderhausartigen Windfang an der hinteren Haustüre zu erobern, auf dessen anderer Seite die kletternde Hortensie *Hydrangea petiolaris* mit lebhaften Gebärden um sich zu greifen scheint. Dem Efeu benachbart, an der Westwand, ist eine sehr seltene Schlingpflanze, die botanisch den Magnolien nahe steht: *Schisandra grandiflora* var. *rubriflora* ist eine Art mit schmalen Blättern und hängenden, scharlachroten Blütchen im Mai-Juni. Die roten Früchte im Herbst erinnern an baumelnde Ohrgehänge aus Koralle.

An der Nordwestecke des Schuppens, wo nur in den Sommermonaten kurz vor Sonnenuntergang Sonnenstrahlen hingelangen, fühlt sich *Clematis flammula* recht wohl. Sie hat hübsche, lockere Blütenstände voll weißer Blütchen, die nach Vanille duften. Der Blüte im September folgen die dekorativen silbrigen Saatköpfchen. Die Südwand des Hauses ist dem Purpurblättrigen Wein und einer weiteren *Clematis* überantwortet: *Clematis orientalis* verträgt den trockenen Pflanzplatz an der Südwand recht gut. Der Fuß der Pflanze wird im Sommer meist beschattet durch ein ausgepflanztes Exemplar von *Artemisia arborescens*. Diese *Clematis* blüht unentwegt und trägt bis in den November hinein zugleich silbrige Saatstände und gelbe Lampionblütchen an den zierlich beblätterten Trieben. Daneben an der Südwestecke des Hauses blüht eine meiner Lieblingsrosen, die Noisetterose 'Mme Alfred Carriere' mit kugeligen, weißen Blüten. Auch sie bringt, wenn auch nicht so generös wie die *Clematis*, über den Hauptflor im Juni hinaus, Blüten bis in den Oktober.

In Walenburg, in Hollands romantischem Garten, den das Ehepaar Canneman in den sechziger Jahren entworfen und bepflanzt hat, findet sich in einem Gartenraum, an einer Eibensäule rankend, Clematis macropetala. Schon im Mai bringt diese Clematis eine Überfülle an Blüten. Es gibt eine zauberhafte, rosablühende Form dieser Pflanze mit Namen 'Markham's Pink'.

Eine Treppenwange an der Westseite des Hauses beherbergt ein Jelängerjelieber mit goldgelbgeäderten Blättern, *Lonicera japonica* 'Aureoreticulata'. Für das arme Ding ist es ein wenig zu trocken geworden, seit das Ziegelpflaster zu Füßen der Pflanze im Mörtelbett verlegt ist. In heißen Sommern wird die Schlingpflanze von Mehltau befallen oder aber sie wirft mir vor Mißmut einen Teil ihrer Blätter vor die Füße. Ich mag die Kombination mit der Noisetterose 'Gloire de Dijon' recht gern, zu deren gelblich-lachsfarbigen Blüten auch noch die korallenroten von *Phygelius capensis* kommen und die zusammen ein farblich delikates Dreigespann abgeben, vorausgesetzt, die *Lonicera* bleibt vom Mehltau verschont.

Mit den genannten Pflanzplätzen am Haus ist es noch nicht getan. Neben vielen überflüssigen Relikten, die sich fanden, als ich mein Haus bezog, zählte eine Teppichklopfstange. Nun lastet statt der Teppiche mein Koreawein darauf; und nicht nur darauf. Er hat meist im Spätsommer dank seiner Blattranken Umliegendes überkuppelt, ist hoch in *Rosa californica* 'Plena' gewandert und krönt die Eibenhecke. Die herbstliche Laubfärbung ist prachtvoll und, vorausgesetzt, schwere Fröste lassen lange auf sich warten, eine richtige Schau. Der Anstoß zur Pflanzung des Koreaweins ergab sich aus meinem Wunsch, für meine Purpurpflanzung schöne Laubkontraste zu bekommen. Dieser Wein ist für den gegebenen Platz beinahe zu wuchtig. Die Rose 'Souvenir du Dr. Jamain' leidet bereits unter dem zunehmenden Schatten.

Als Begrenzung eines kleinen Senkgartens dient mir ein hölzernes Rankgerüst. Dort blüht *Clematis alpina* 'Francis Rivis' meist schon in der ersten Maihälfte, in der Blüte gefolgt von *Lonicera × brownii* 'Dropmore Scarlet'. 'Francis Rivis' ist eine hübsche Variante der *Clematis alpina*, mit größeren Blüten, mehr weißen Staubgefäßen und Staubblättern zwischen den blauen Hüllblättern. Das genannte Geißblatt hat auffällig gefärbte Blüten, wie der Name sagt, leider duftet es nicht. Ein Versuch, eine Reihe verstümmelter Fichten an der Grundstücksgrenze zu kaschieren, war es, ein simples Holzgerüst mit Kletterrosen zu bepflanzen. Die Rosen, durch leichten Sandboden benachteiligt, haben sich nie so entwickelt, wie ich es mir gewünscht hatte. Ein Teil davon fiel einem schweren Winter zum Opfer. Die Lücken habe ich daraufhin mit *Clematis* zu schließen versucht. Nicht genug, zuweilen verwende ich einjährige Kletterpflanzen, wie *Cobaea scandens*, die Glockenrebe, oder eine reinblaue Wicke, die ich unter dem Namen *Lathyrus magellanica* von einem englischen Freund geschenkt bekommen habe.

Manche meiner *Clematis*-Hybriden werden von mir in benachbarte Sträucher gelenkt. So habe ich mir gedacht, es wäre hübsch, die weißen Clematisblüten von 'Marie Boisselot' in *Thuja* 'Rheingold' erscheinen zu lassen. Die *Clematis* hingegen ist gar nicht erbaut von den Thujazweigen als Kletterhilfe und versucht stattdessen, immer ihren Weg nach oben, an eigenen, verholzenden Trieben zu nehmen. Dies führt aber zwangsläufig nicht zu den erhofften Girlanden, sondern zu einem unentwirrbaren Knäuel an Trieben. Manchmal finde ich die Zeit, die jungen Triebe rechtzeitig mit plastikummantelten Schnellbindern an der *Thuja* zu fixieren. Es mag sein, daß diese Schilderung den Leser möglicherweise davon abhalten wird, Gleiches zu versuchen. Dies aber will ich durchaus nicht. Mit anderen »Gaststräuchern« funktioniert das, und man glaube mir, *Clematis* so im Garten zu verwenden, zeitigt stimmungsvolle Gartenbilder. So zaubert *Clematis macropetala* 'Markhams Pink' die erwünschten Girlanden in die Eibenhecke. Die wunderbare Texensis-Hybride 'Gravetye Beauty' zeigt die an Tulpen erinnernden Blüten auf einer Azalee. Die reine Art, *Clematis texensis*, zierlich von Wuchs, hängt ihre bräunlichroten, gelbgesäumten

An einer Westwand wächst Schisandra grandiflora ssp. rubriflora, ein seltener Schlinger vom Himalaja, der hierzulande kaum im Garten anzutreffen ist. Zur Tulpenzeit erfreut man sich an den scharlachroten Blütchen.

Hier nochmals die gleiche Schisandra, nur ein halbes Jahr später, im Oktober. An langen, baumelnden Stielen präsentieren sich die lebhaft gefärbten Beeren. Die Pflanze ist winterhart und auch nicht anspruchsvoll, aber sie findet sich nicht im Handel.

Blütchen zwischen die drahtigen Zweige von *Genista lydia* und fällt dem Strauch kaum zur Last. Die violette 'Lady Betty Balfour' blüht in der Krone eines purpurblättrigen Pfaffenhütchens, *Euonymus europaeus* 'Atropurpureus', das mir so häufig den Fruchtschmuck versagt. Mindestens fünf weitere *Clematis*-Hybriden ranken in Sträuchern und Heckenteilen. Also, es gilt jetzt nur, bei sich im Garten »Gaststräucher« zu finden, die den aufzunehmenden *Clematis* an Vitalität entsprechen, damit, ohne viel Schaden anzurichten, sich die *Clematis* auf ihre eigene Weise malerisch zur Schau stellen kann.

Damit ist das Thema *Clematis* noch nicht erschöpft, denn man kann die Pflanze dazu bringen, horizontal zu wachsen. Ich habe die Viticella-Hybride 'Abundance' in die Kissen der Winterheide gelenkt. Das ist zauberhaft im Juli, wenn die roten *Clematis*blüten zu mir aufsehen. Dort, wo die Pflanze dicht auf der Heide lastet, verkahlt diese selbstverständlich. Der alljährliche Zuwachs der Heide ist aber so groß, daß ich die eine oder andere malträtierte Stelle hinnehme. *Clematis × durandii* und *Clematis × eriostemon* haben nicht die Fähigkeit, sich mittels windender Blattstengel an Gastpflanzen festzuhalten. Sie bilden kürzere oder längere, liegende Triebe. Diese Triebe aber könnten zum Beispiel effektvoll in robusten Stauden oder Kleinsträuchern wie Paeonien oder Lavendel dargeboten werden. Ich denke, daß sich *Cotoneaster horizontalis*, Strauchveroniken, Heiligenkraut, Ginster, für diesen Zweck eignen würden. Weiterhin ziehe ich eine Reihe Kletterpflanzen an kegelförmig zusammengebundenen Bambus- oder Haselstäben.

Ich habe speziell für die Verwendung von Kletterpflanzen dekorative Pyramiden (s. Abb. Seite 28) entworfen, die aus Lattenholz gefertigt wurden. An ihnen lassen sich, wo immer man möchte, einjährige Kletter- und Schlingpflanzen zur Schau bringen. Eine dieser Pyramiden ist der staudigen, weißblühenden Platterbse, *Lathyrus latifolius* 'Albus', übergestülpt. Die rankenden Triebe werden an den Querstäben festgebunden.

Über die Verwendung von Zwiebel- und Knollenpflanzen

Viele Zwiebelblumen kann man ohne Übertreibung als märchenhaft schön bezeichnen. Es haftet ihnen etwas von den gleißenden Schätzen des Orients an. Die Vorstellung, daß Krokus, Tulpen und seltene Lilien auf wankendem Kamelrücken durch unermeßliche Weiten nach Westen getragen wurden, läßt sie mir kostbar werden wie vergleichsweise unseren Vorfahren die geheimnisvollen Spezereien, Seiden und Perserteppiche.

Was nur würde ich tun, wenn im kahlen Vorfrühling nicht mehr auf das verläßliche Blühen der Zwiebelblumen zu zählen wäre?

Die allerersten Blüten im neuen Jahr, manchmal schon Ende Januar, schenkt mir von den Zwiebelblumen *Iris histrioides* 'Major', eine blitzend blaue Zauberblume, die mir jedesmal das eigene Sehnen nach zunehmender Wärme und frischen Blumen verkörpert. Diese Iris steht mit frühblühenden Krokus und vielen anderen heiklen Zwiebelpflanzen in einem Beet vor der Südwand des Hauses. Der Schutz und die Wärme der Hausmauer begünstigen frühes Blühen. Im Gegensatz zu *Iris danfordiae*, diesem schwefelgelben Kleinod, gefällt es der blauen Netziris recht gut in meinem Sand. Wenn das Wetter mild ist, sind kurze Zeit nach der Iris Schneeglöckchen, die blasse *Scilla mischtschenkoana*, die sich ähnlich gibt wie eine Puschkinie, und Winterlinge zur Stelle.

Winterling, Blaustern und Schneestolz verhalten sich in meinem Garten eroberungswütig. Überall tauchen ihre Sämlinge auf. So sehr ich ihr frühes Blühen mag, so fällt mir doch, wenn alles in frischem Grün prunkt, das müde werdende Laub lästig. Ich trachte, die sternchenartigen Samenfutterale der Winterlinge und die kugeligen Kapseln der Blausternchen vor dem Ausfallen der Saat zu ernten.

Sehr viel zierlicher als die üblichen Herbstzeitlosen gibt sich das seltene Colchicum agrippinum, eine alte Gartenpflanze unbekannter Herkunft, die botanisch C. variegatum nahesteht. Die zauberhaften Blüten mit dem Würfelmuster sind im September zur Stelle. Hier wird ihr der Platz ein wenig streitig gemacht durch eine Blattrosette von Borago pygmaea. Gut zu Gesicht steht ihr Acaena 'Blue Haze' (rechts oben). Links neben dem Stiefmütterchen die silbergrauen Blätter von Artemisia stelleriana.

Überall dort, wo ich es versäumt habe, sprießt im Folgejahr der Nachwuchs. An den unzugänglichen Stellen wachsen die Sämlinge, zwischen Plattenfugen, stacheligen Rosentrieben, den Fächern von *Cotoneaster horizontalis* und Steinbrechpolstern. Das vergilbende Laub verdarb irgendwann der Bartiris die Schau. Ich hatte einen Entschluß zu fassen. Die Toleranzgrenze für die kessen Zwiebelblumen liegt im Vorgarten drei Meter vom Hauseingang entfernt; wird sie überwachsen, werden die Zwiebelchen gnadenlos gerodet. In einem speziellen Frühlingsblumenquartier hingegen dürfen sie wachsen, wie es ihnen gefällt, doch davon später.

Ähnlich toll treiben es verschiedene Zierlauch-Arten und die Schneeglöckchen. Aber in den hinteren Regionen der Pflanzungen stören sie mich nicht, weil heranwachsende Stauden helfen, das einziehende Laub zu kaschieren. »Hintere Region« ist gewissermaßen das Stichwort beim Pflanzen von Zwiebelblumen. Die Empfehlung, Frühlingsblumen einem Staudenbeet oder einer Rabatte als schmalen Streifen vorzulagern, finde ich aus erwähnten Gründen gar nicht gut. Meine Tulpen, Hyazinthen, Kaiserkronen und Narzissen, sie alle müssen, wenn es die Breite der Pflanzflächen erlaubt, nach hinten. In den Beeten von geringer Breite pflanze ich kleinere Gruppen. Häufig genug brauche ich den Platz in den kleineren Beeten, den Tulpen und Hyazinthen innehaben, für die Sommerbepflanzung. Beim Roden von Tulpenzwiebeln beachte ich die holländische Faustregel: Sobald man die Blütenstiele um den Finger wickeln kann, sind die Tochterzwiebeln genügend ausgereift. Die Tulpenblätter sind dann noch nicht völlig vergilbt. Hyazinthen nehme ich auf, möglichst mit Erdballen, setze sie in große Plastikcontainer und fülle mit Sand auf. Die Container mit den noch grünen Hyazinthen halte ich halbschattig, bis das Laub völlig eingezogen ist und die Zwiebeln trocken im luftigen Keller gelagert werden können. Diese Prozedur, wie gesagt, findet nur statt, wenn der Pflanzplatz der Zwiebelblumen benötigt wird. Immerhin, man gewinnt dadurch zwei kostbare Juniwochen, um herangezogene Jungpflanzen baldmöglichst am Ort des Blühens zu etablieren und man verkürzt die Zeit des mühseligen, arbeitsaufwendigen Spritzens und Gießens der Pflanzen in Torf- und Plastiktöpfchen.

Tulpengruppen nehme ich für gewöhnlich alle zwei bis drei Jahre auf. Nur die blühfähigen, dicken Zwiebeln werden wieder gepflanzt, möglichst dort, wo zuvor keine Tulpen gestanden haben. Dies läßt sich bei mir nicht immer bewerkstelligen und so habe ich schon manche Sorte durch die Tulpenfäule verloren. Auffallenderweise habe ich aber kleine Tulpengruppen, die ein Jahrzehnt auf gleichem Pflanzplatz stehen und Jahr um Jahr blühen. Ich denke, daß das enge Nebeneinander mit anderen Pflanzen sie gesund erhält.

Eine Tulpe ist gewöhnlich auffällig genug, um auch in geringer Menge zu wirken. Die Empfehlung, Blumenzwiebeln zu massieren, um sie zur Wirkung zu bringen, mag für den Stadtpark richtig sein, im kleineren Hausgarten sind Gruppen von einem Dutzend groß genug. Ein Tuff von fünfzig Tulpen ist spektakulär, zugegeben, aber die Blütezeit ist kurz. Ich würde stattdessen lieber von fünf Sorten je zehn Stück mit unterschiedlicher Blütezeit nehmen.

Tulpen gehören zu meinen Lieblingsblumen schon von kleinauf, und so ist meine Kollektion für die gegebenen Verhältnisse eigentlich zu groß. Die Freude an der Blume wird gesteigert durch die Kombination mit anderen Pflanzen. Ich versuche, das zeitige Blühen so zu lenken, daß in irgendeiner Weise ein ansprechender Hintergrund gegeben ist. Ist dies nicht zu bewerkstelligen, versuche ich wenigstens eine Kombination mit einer oder zwei anderen Pflanzen, deren Struktur, Farbe und Wuchsbild den Tulpen gut zu Gesicht steht, und sie nicht verloren im kahlen Umfeld erscheinen läßt. Dies, übrigens, versuche ich auch mit anderen Zwiebelblumen zu erarbeiten.

Alles was im Garten zeitig im Jahr zu grünen beginnt, ist wert, daraufhin untersucht zu werden um die Zwiebelblumen besser zu integrieren. Ich finde zum Beispiel den kräftig roten Austrieb des Rhabarbers und die jahreszeitlich geröteten Blätter von Bergenien und anderer Pflanzen vortrefflich, um lebhaften Tulpenflor farblich zu ergänzen. Das Grün von Buchs, Eiben, Stechpalmen ist dunkel und ruhig, es unterstreicht die strahlende Farbigkeit der Zwiebelblumen. Ich mag gerne als Begleitpflanzen die Teppiche vom Günsel, der Haselwurz, des Efeus, des Singrüns und der Moossteinbreche. Der gelbgrüne Flor verschiedener Wolfsmilch-Arten paßt zu Narzissen wie Tulpen. Die blühfähigen, dickfleischigen Narzissenzwiebeln sind leider Lebensgarantie für die gräßliche Narzissenfliege, die meine Narzissentuffs dezimiert. Als alternative Futterquelle dienen dem Insekt Hyazinthen. Auffällig ist, daß Narzissen in schwerem Boden und an schattigem Pflanzplatz seltener befallen werden. Schattige Pflanzplätze sind aber häufig von Gehölzwurzeln in Besitz genommen. Die Narzissensorten, die ich zu Füßen einer Eibenhecke gepflanzt hatte, waren schnell von der Eiben ausgehungert. Tulpen, Zierlauch, Krokus, halten dem Wurzeldruck besser stand. Gruppen der farbkräftigen Narzissen 'Red Devon' und 'Ceylon' auf der Nordseite der Buchenhecke und eine Gruppe der blassen 'Jenny' leben und blühen seit Jahren leidlich gut. Hyazinthen, wenn

Sie ist seit 1620 in Kultur, die gebrochene Tulpe 'Zomerschoon' und ein rares Sammlerstück. Die Farbe der Blüte vertieft sich bei fortschreitendem Flor. Auf dem Bild zeigt sie sich kurz vor dem Fall der Blütenblätter in makellosem Zustand. Ihr Blühen wird hier ganz unprätentiös dargeboten, Seite an Seite mit dem Schnittlauch. Viola cornuta 'Alba' im Hintergrund reckt erste Blütenköpfchen. Sie wird später mit weißem Blütengewoge die gilbenden Tulpenstengel umhüllen.

sie blühen sollen, brauchen unbedingt Sonne. Der einzige ausdauernde Horst von Hyazinthen, der der Narzissenfliege widersteht oder von ihr verschmäht wird, wird von der mehrblütigen Hyazinthe 'Borah Schneeweiß' gebildet. »Mehrblütig« ist sie eigentlich nicht, vielmehr bringen aneinanderhaftende Tochterzwiebeln ein Sträußchen grazilier Blütenschäfte hervor, was an den Flor der ursprünglichen Art erinnert und nicht so gekünstelt wirkt wie die dicken Blütenschäfte üblicher Hyazinthen.

Narzissen und Krokus im Rasen verwildern zu lassen, würde ich nur empfehlen, wenn ein Garten mehr als tausend Quadratmeter groß ist. Um die Lebenskraft der Zwiebeln zu erhalten, darf man den Rasen nicht schneiden, solange das Zwiebellaub grün ist, bei Narzissen dauert das bis Ende Juni. Blumenwiesen, die nur zweimal im Jahr gemäht werden, in denen Narzissen, Herbstzeitlosen, Primeln verwildern können, taugen nur für große Gärten. Wer ein Bauernhaus mit einem Obstgarten darum besitzt, dem würde ich raten, sich eine Wildblumenwiese zu erschaffen. Dort könnten dann auch diverse Zwiebelblumen dauerhaft angesiedelt werden. Ich denke an die Feuchtwiesen des Salzkammergutes, wo ich als Kind Sträuße von Märzenbechern und Dichternarzissen pflückte. Für feuchte Hänge und Wiesen eignen sich *Narcissus cyclamineus* und *Narcissus bulbocodium*. Als Wiesenschmuck ländlicher Obstgärten ist *Narcissus pseudonarcissus*, eine kleinere, lichtgelbe Trompetennarzisse, viel hübscher und auch lebenskräftiger als die großblumigen Sorten.

Aber zurück in den Hausgarten. Unter den sommerblühenden Zwiebelblumen sind die Lilien wohl die stattlichsten Pflanzen.

Mit Lilien muß jeder seine eigenen Erfahrungen machen. Meine Erfahrung mit ihnen verhalf mir zu der Einsicht: sie müssen unentwegt gefüttert werden, um überzeugend zu blühen. Von den Lilien, die ich wie Stauden halte, habe ich stets den Eindruck, sie müßten darben. Die wenigen, die einigermaßen kräftig und gutgelaunt in den Sommerhimmel blicken, sind die blaßgelbe Lilie, die ich aus dem lebenskräftigen Citronella-Strain ausselektiert habe; der Strain selbst ist variabel in der Färbung; dann der Türkenbund, *Lilium martagon*, in seiner weißen, der rosigen und der braunpurpurnen Form, die amerikanische Pantherlilie, *L. par-* *dalinum*, die asiatische Tigerlilie und die Königslilie. Die vielen Schalenlilien, die als Asiatische Hybriden geführt werden, sind meist auffällig rotorange und dunkel gepunktet. Sie sind wüchsig. Die stattlichen Trichterlilien, die ich ihres Duftes wegen schätze, leiden in meinem Garten häufig unter Spätfrösten. Diese und andere heiklere Hybriden kultiviere ich in Pflanzgefäßen. Das macht Arbeit, aber es bietet den Vorteil, daß ich die Lilien, so wie sie es mögen, päppeln kann, ohne daß andere Pflanzen einen Teil davon wegzehren, und es bietet darüber hinaus den Vorteil, daß ich die Lilien an der Haustüre aufstellen oder nach Lust und Laune mit Stauden oder Sommerblumen kombinieren kann. So verfahre ich auch mit anderen Bulben: *Cyrtanthus parviflorus* 'Sunrise' gefällt es im Topf und er bietet unentwegt die orangefarbenen, röhrigen Blütenquirle dar. Die an Miniaturgladiolen erinnernden Blüten von *Schizostylis coccinea* sind naturgemäß spät dran. Obwohl die Pflanze einigermaßen hart ist, leidet der Flor doch unter den Herbstfrösten. Ein Topf davon läßt sich hingegen schnell an die wärmende Hauswand stellen. Überwintert wird frostfrei im Keller, oder draußen mitsamt dem Pflanzgefäß eingegraben und zusätzlich mit Laub abgedeckt. Die Lilien in ihren Gefäßen überwintern bei mir knochentrocken und das Einfrieren hat ihnen bisher nicht geschadet.

Gladiolen sind wohl gute Schnittblumen, aber ich mache mir allgemein nicht viel aus ihnen. Sie sind mir zu plump und sie lassen sich auch schlecht mit anderen Pflanzen zusammenbringen. Kurios und recht apart von Wuchs ist eine Art, *Gladiolus papilio*, mit ihren lilagrauen, gelbschlundigen Blüten. Sie lebt seit einem Jahrzehnt in einem geschützten Beet und fällt mir zuweilen lästig durch die vielen Ausläufer. Blüht sie, ist das Wuchern vergeben. *Gladiolus communis* ssp. *byzantinus* ist recht schmuck mit den karminpurpurnen Blüten zu *Salvia nemorosa* 'Mainacht' oder mit schwarzpurpurner Bartiris kombiniert. Leider ist die Art nicht sehr ausdauernd.

Auf gepflastertem Hausvorplatz findet sich diese »mobile Gesellschaft« in keramischen Pflanzgefäßen: Sedum album 'Coral Carpet', die gelbe Lilien-Hybride 'Connecticut Lemonglow', die Pelargonien 'Mephistopheles', 'Crystal Palace Gem' und 'Lass O'Gowrie' zudritt im Gefäß, dann Hypericum 'Rowallane'. Phormium tenax 'Atropurpureum' beschließt die Gruppe.

Die sogenannten Schmetterlingsgladiolen mit ihren abgesetzten Säumen, Flecken und Schlundmarkierungen sind gewissermaßen die Harlekine in der Gladiolengattung. Leider sind sie im Handel nur als Mischung zu bekommen. Irgendwann jedoch hatte ich das Glück, weiße und grüngelbe Sorten dieser zierlicheren Gladiolen zu ergattern.

Den Gladiolen sehr nahe steht *Acidanthera bicolor* var. *murielae*, wird die Pflanze doch auch Abessinische Gladiole genannt. Sie hat wirklich nur Vorzüge: Sie ist grazil von Wuchs. Die weißen, purpurgefleckten Blüten an langen Röhren werden elegant dargeboten über dem Laub. Doch es ist vor allem der betäubende Duft, der im August–September durch meinen Vorgarten zieht, der mir die Pflanze unersetzlich werden läßt. Abessinische Gladiolen und die Schmetterlingsgladiolen nehmen sich gut aus zwischen blauen Blumen wie dem Enziansalbei, *Salvia patens*, und *Commelina tuberosa*. *Commelina* ist eine zierliche Verwandte der Dreimasterblume und ihre Blüten haben das gleiche intensive Blau wie die Halsfedern des Pfaus. Salbei und Commeline sind beide Knollenpflanzen und können frostfrei, in Torf oder Sand geschichtet, trocken überwintert werden.

Crocosmien stehen bei mir in hohem Ansehen, besonders jene hohen, stolzen Hybriden aus *Crocosmia masoniorum* und *Curtonus paniculatus*. Freunde, die sie zu Gesicht bekommen, bemerken häufig: »Oh, was für riesige Montbretien!« Ich finde, die Horste der Crocosmien mit ihren schmalen, gefälteten Blättern, die leicht überhängen, auffällig und elegant. Sie setzen, wie erwähnt, gute Blattkontraste. Die Blütenähren in der Variation von Orange über Scharlach zu Braunrot sind delikat zu gelben Achilleen, *Solidago* und bräunlich gelben *Helenium*. Selbst die altvertrauten, niedrigen Varietäten der Montbretie passen so gut zwischen spätsommerliche Blütenstauden, zu violettblauen Astern und Eisenhut etwa, zu grauem *Anaphalis*, zu weißen Japananemonen und blauem Schwalbenwurzenzian.

Was halten Sie von Dahlien? Obwohl sie so populär sind, werden sie doch wie unberechenbare Existenzen, isoliert im Garten gehalten. Unvoreingenommen betrachtet, gibt es viele Dahlien, darunter auch Sorten mit gutem Laub und erfreulichem Wuchsbild, die geeignet wären, mit anderen Pflanzen kombiniert zu werden. Warum also Dahlien immer nur wie Kartoffeln, abgesondert pflanzen? Dahlien blühen unentwegt und monatelang.

Ich finde, daß die schönsten Rottöne der Gartenblumen gerade bei den Dahlien zu finden sind, Töne, die, prunkend und klar, eine Zusammenstellung von Pflanzen für den Sommer und Herbst köstlich werden lassen.

Ich mag zum Beispiel so gerne die kleine, dunkellaubige 'Roxy' mit ihren glühenden Purpurblüten als Blickfang in einer meiner Pflanzungen. Dort steht sie Seite an Seite mit *Bergenia* 'Ballawley' mit ihren glänzend grünen, riesigen Blättern. *Oxalis tetraphylla* 'Iron Cross', ein Glücksklee mit dunkler, ehrenkreuzförmiger Blattzeichnung, variiert den Blattpurpur der Dahlie und das Grün der Bergenie in amüsanter Weise. Die Blüten der Dahlie funkeln vor dem matten Lila der *Verbena rigida*.

Dahlia merckii hat die Einfachheit der Wildpflanze. Sie sät sich selbst aus und zuweilen überlebt sie milde Winter. *Dahlia pinnata* ist eine weitere ursprüngliche Form mit scharlachroten, einfachen Blüten, die ich verwende.

Was wäre mir ein September ohne Dahlien? Ich bringe Pompon- und die sogenannten Dekorativen Dahlien mit ihren breiteren Blütenblättern, im Gegensatz zu den eingerillten Blütenblättern der Kaktusdahlien, in unterschiedlichsten Blütenfarben zum Chinaschilf, zur köstlichen *Aster × frikartii*, zu Kissenastern (*A. dumosus*-Sorten), zu *Aster lateriflorus*. Ich mag purpurfarbene Dahlien kombiniert mit der rosablühenden, späten *Salvia involucrata* 'Bethellii', und weiße Kaktusdahlien zu meinen grauen Rauten, Galtonien, dem grüngelb blühenden Ziertabak. So ließe sich fortfahren, eine Dahlienliste lang. Ich möchte den Leser damit nicht langweilen, aber fragen, ob es nicht Spaß bereiten könnte, Dahlien einmal nicht für sich allein zu pflanzen. Vielleicht ist einzuwenden, daß Pompondahlien zum Chinaschilf gebracht, denn doch zu auffällig seien. Vielleicht ist das so, ich meine aber, man kann sich zuweilen durchaus auffällig gebärden, wenn man es in eleganter Weise tut, oder nicht?

Überschwang einjähriger Sommerblumen

Ich könnte sicher ohne einjährige Sommerblumen auskommen und mein Garten wäre mir ohne sie auch akzeptabel. Warum also mache ich mir alljährlich die Mühe, Samentütchen zu erstehen, in denen lediglich fünf Körner sind und die soviel kosten wie eine köstliche Ogenmelone, die ich mir versage? Was drängt mich zu säen, zu pikieren, alle Fenster des Hauses zu blockieren und später, draußen, unentwegt zu düngen, zu wässern und den Schnecken die Freundschaft aufzukündigen? Annuelle sind der schiere Luxus. Ich versuche, das im Gedächtnis zu behalten, wenn ich so um den fünfzehnten Mai an mir selbst zweifle, weil ich mich emsig drehen muß, um Kisten und Kasten voller Sämlinge vorm Vertrocknen oder vor den Spätfrösten zu bewahren.

Ein paar Wochen später, wenn die Blumen in meinen Pflanzungen sich räkeln, wenn sie anfangen zu blühen, sich samtig, glühend, sprühend, kurz sich überschwenglich gebärden, und ich laue Luft auf meiner Haut spüre, möchte ich jauchzen vor Glück, diese Blumen haben zu dürfen. Es ist dieser Überschwang des Blühens, den ich mag. Darüber hinaus bieten sie weitere Vorteile. Man kann frei werdende Gartenplätze füllen, wenn anderes aus irgendwelchen Gründen versagt hat. Sie sind dann zwar Lückenbüßer, aber man kann sich vorher überlegen, welche Sorten in welcher Farbe man bei sich haben möchte. Man kann auf den Wochenmarkt gehen und zuweilen findet sich dort, was man braucht: Zum Beispiel blaue Lobelien oder die weiße, blaugeäugte Bornholm-Margerite, *Osteospermum barberae*, *Chrysanthemum ptarmiciflorum* 'Silberfeder', silbriggraues *Helichrysum petiolare*. Meist gibt es dort leider nur Sommerblumen in kunterbunter Mischung, wie übrigens im Saathandel auch. Ich selbstverständlich, will meine Pflanzgruppen in bestimmter Sortenfarbe, weil sich die Wirkung im Garten, wie die Benachbarung zu anderen Pflanzen, harmonischer bewerkstelligen läßt. Das harmonische Beieinander hängt neben der Blütenfarbe auch vom Habitus der verwendeten Einjährigen ab. Ich bevorzuge grazile Pflanzen. Ein Freund würde jetzt möglicherweise einwerfen, daß bei mir ohnedies alles verhungert im Garten aussähe, weil ich seiner Meinung nach zu wenig dünge. Nein, ernsthaft, meine Sommerblumen sind von Natur aus zierlich. Wenn es möglich ist, verwende ich stets die Species, also die Ursprungsart, oder aber Hybriden, deren Wuchs der ursprünglichen Wildart nahekommen, dabei aber durchaus verfeinerte Blütenfarben haben können.

Ich habe eine ausgesprochene Vorliebe für blaue Blumen, und ich versuche, so viele heranzuziehen, wie es mir nur möglich ist. Da soll die blitzendblaue, gelbaugige Buschwinde, *Convolvulus tricolor*, sich zwischen goldenen Thymianpolstern breitmachen dürfen. Von der kalifornischen *Phacelia campanularia* verlange ich, daß sie trockene Wegsäume umflort. Eine blaue Nemesien-Sorte muß sich zwischen Nelkenkissen zurechtfinden. *Nemophila menziesii*, die von den Amerikanern liebevoll 'Baby's Blue Eye' genannt wird, dient als Unterpflanzung. *Nolana paradoxa*, das Blautöpfchen, gehört zur Lieblingsspeise der Schnecken, sie muß deshalb häufig mit einem riesigen Tontopf vorlieb nehmen, über den sie im Spätsommer lange Blütenranken wirft. Das Chinesische Vergißmeinnicht, *Anchusa capensis*, hat Narrenfreiheit, es darf wachsen, wo immer es möchte, und selbst auf einem Hochbeet für heiklere Zwiebelblumen darf es mit sehnsuchtsvoll blauen Augen in meine Gartenwelt schauen. Dies darf auch *Anagallis monelli*, der Enziangauchheil. Er blüht monatelang, und sogar noch kurz vor den Herbstfrösten ist auf seine tiefblauen Blütensternchen Verlaß. *Salvia patens*, der Enziansalbei, ist mir teuer. Ich säe ihn alljährlich neu, weil mir nicht immer das Überwintern der dahlienartigen Knollen glückt.

Einmal gesät, kommen manche Einjährige jedes Jahr von alleine, so wie sie es jahrein jahraus in alten Bauerngärten getan haben. Ich denke da zuallererst an die Jungfer im Grünen, *Nigella damascena*, an dickköpfigen Schlafmohn, zierlichen Seidenmohn, *Papaver rhoeas*, Kapuzinerkresse. Die rotblättrige Melde ist generös mit ihren Sämlingen, und einen Großteil rode ich davon. Blauer Natternkopf, *Echium plantagineum*, keimt zwischen den Rittersporne und macht dem Vergißmeinnicht den Platz streitig. *Salvia viridis (S. horminum)* ist treu und brav zur Stelle. Die unscheinbaren Blütchen sitzen wie in einem Boot, gebildet aus Hochblättern. Diese Hochblätter (Bracteen) sind an der äußersten Spitze auffällig violett, auch rosapurpurn gefärbt. Selbst die Varietät mit weißen, grüngeaderten Bracteen ist mir hochwillkommen, um *Eryngium variifolium* und weiße Dahlien so grünweiß blaß zu benachbarn.

Ein starkfarbiges Gartenleimkraut, *Silene armeria*, der honigduftende Steinrich, *Alyssum maritimum*, leben unverdrossen freudig, obwohl ihnen häufig nicht mehr an Lebensraum bleibt als eine schmale Ritze zwischen Steinplatten. Auch ein zitronenfarbenes Pantoffelblümchen, *Calceolaria mexicana*, taucht wie ein streunendes Wesen an unvermuteter Stelle auf, zwischen Sträuchern, Steinfugen, selbst in den Pflanzgefäßen der Kübelpflanzen. Ein hoher Leberbalsam, *Ageratum houstonianum*, den ich ursprünglich vom Verkaufsstand des berühmten Rhododendrongartens Nymans in England mitbrachte, sorgt mit eigenen Sämlingen für das Weiterleben. Ich sammle dennoch Saat und säe zusätzlich aus, nach dem Motto: Sei bloß nicht allzu sicher.

Die glühend scharlachrote *Salvia coccinea* ist mir ein willkommener Partner für kupfrige *Canna*, rote und orangefarbene Dahlien. In meiner rot-gelben Gartenecke verwende ich in einem Jahr Gazanien, *Cosmos sulphureus*, zitronengelbe Löwenmäulchen, um die freiwerdenden Plätze der Zwiebelblumen zu füllen. Im nachfolgenden Jahr versuche ich es dann vielleicht mit braunroter *Tagetes tenuifolia* oder der *Tithonia rotundifolia*, die an eine riesige, einfachblütige, orangefarbene Zinnie erinnert. Auch *Alonsoa warscewiczii* ist mit ihren scharlachroten Rachenblütchen in diesem Gartenteil gelegentlich willkommen. Ohne das Zigarettenblüm-

Auf dem Platz der Tulpen neben einer Taglilie, stehen im Sommer Pelargonium regale 'Lord Bute', rotblühende Nicotiana alata. Ein letzter reifender Blütenkopf von Allium christophii ist noch präsent; die anderen sind geerntet. Schlafmohn wird den frei gewordenen Platz in Besitz nehmen. Rechts unten ist der Blütenstand von Erodium manescavii im Bild.

chen, *Cuphea ignea*, hingegen mag ich nicht auskommen. Es wächst straff und blüht unentwegt. Die warmroten Röhrenblüten mit dem schwarzen Saum an der Blütenöffnung sind mir eine reizvolle Ergänzung zu einer linear gestreiften *Canna* namens 'Golden Wonder' und zu braunblättrigem *Sedum telephium* 'Atropurpureum'. Außerdem versuche ich alljährlich, einen Platz für ungezähmt anmutende Zinnien in dunklen Mahagonitönen mit goldenen Blütenblattspitzen zu finden. Sorten wie 'Perserteppich' und 'Old Mexico' passen gut zu Crocosmien und dunklem Fenchelkraut.

Schließlich noch ein Loblied auf den Ziertabak, *Nicotiana alata*, in unterschiedlichen Sorten: Er verträgt fast alles, Regenfluten und Dürre im Sommer. Er blüht, wenn es kalt ist und er blüht, wenn es tropisch warm wird. Er wächst im Lehm und im trockenen Sand. Der Tabak ist mir so etwas wie eine gutgelaunte Primadonna, der man voll Begeisterung über soviel Können einen unübersehbaren Part in der Saison einräumt. Der liebste von allen ist mir der grünblühende Tabak. Die Blütenfarbe, eine raffinierte Mixtur von Apfelgrün und Schwefelgelb, läßt sich so gut kombinieren mit blauen, mit knallroten, mit violetten Blüten. Bei mir stehen der grünblühende wie auch weißer Ziertabak zwischen den silberblättrigen Pflanzen. Und sommers, immer wenn abends die Motten anfangen zu tanzen, duftet er süß.

Wuchernde Pflanzen willkommen: Bodendecker

Gibt es hierzulande auch schon so etwas wie eine Bodendecker-Mode? Ich meine nicht die nützliche Art zu mulchen, die bei uns in Hamburg geübt wird und fast schon eine kultische Handlung ist. Nein, ich meine lebende, grüne Pflanzenteppiche unter Bäumen und Sträuchern, auf sonnigen Hängen und in schattigen Gartenhöfen, die dem Bodenleben ähnlich förderlich sind wie die Mulchdecken. In England ist der Umgang mit Bodendeckern so etwas wie Top-Gärtnern und man macht viel Aufhebens deswegen wie hierzulande vergleichsweise mit der Nouvelle Cuisine in den Kolumnen der Zeitschriften.

Als Bodendecker kann man im weitesten Sinne alle Pflanzen bezeichnen, deren beblätterte Stengel den Boden dicht verdecken; man verwendet sie, um weniger wünschenswerte Pflanzen in ihrer Entwicklung entscheidend zu beeinträchtigen.

Man erwarte nun nicht, daß lebende Bodenbedeckung die Lösung aller schwierigen Gartenprobleme darstellt. Vielleicht braucht man tatsächlich für eine gewisse Zeit nicht mehr gejätet zu werden, wenn die Pflanzenteppiche sich geschlossen haben. Aber man glaube mir, Pflanzen können recht spitzfindig sein, und Überraschungen mit ihnen sind immer zu erwarten. Da mag es durchaus vorkommen, daß jemand zwar nicht mehr gegen Löwenzahn und Quecken zu Felde zieht, sich stattdessen aber plagt, die Florentinische Taubnessel wieder los zu werden. Wie mit anderen gärtnerischen Dingen auch, ist Information vor dem hastigen Bepflanzen so angebracht wie die sorgfältige Auswahl der Pflanzen selbst. Also, meine Situation im Garten, die ich schildere, soll nur Anstoß sein, die eigene Gartensituation unter einem anderen Blickwinkel zu betrachten und niemals eine Rezeptur.

Das Schöne am Einsatz von Bodendeckern ist, daß man deren hübsche Blätter nach eigenem Gusto unter und zwischen andere Pflanzen bringen kann. Es läßt sich unter- wie überpflanzen. Manchmal muß man einer bedrängten Pflanze zu Hilfe eilen und mit energischer Hand die Aggressoren ausreißen, ist man sentimental gestimmt,

Ein heiteres Finale an Frühlingsblumen Mitte Mai. Wenige Tage noch – und grüne Saatkapseln beherrschen die Szene. Die Saatkammern der Christrosen sind prall und das Laub des Krokus gilbt schon. Die Blumen hier zeigen wilden Expansionsdrang: Myrrhis odorata (links), Tellima grandiflora (hinter den Farnwedeln oben), Brunnera macrophylla und rotviolette Lunaria annua versamen sich generös. Der Becherfarn (Matteuccia struthiopteris), Vinca und Ajuga machen Ausläufer; nur Tulipa gesneriana (im Handel als T. didieri geführt) und Muscari armeniacum 'Saphir' geben sich zahm.

kann man sie andernorts wieder in die Erde stopfen.

Manche meiner Gartenfreunde heben warnend den Finger oder schütteln den Kopf, wenn sie sehen, wie ich mit wuchernden Pflanzen umgehe. Auf meinem leichten Boden brauche ich jedoch vor Wucherpflanzen kaum Furcht zu haben. Die meisten unter ihnen sind leicht zu roden, da sie unterirdisch nur flach laufen. Ich kann aber zum Teil nicht verhindern, daß sie allmählich mit anderen Pflanzen richtige Wurzeldickichte bilden. Entsteht nach ein paar Jahren ein heilloses Durcheinander, das mir mißfällt, weil es visuelle Unruhe bedeutet oder geschätzte Pflanzen Gefahr laufen, unterzugehen, nehme ich alle Pflanzen in solch einem Areal auf. Ich versuche, den Boden strukturell zu verbessern, gebe Humus. Beim Neubepflanzen versuche ich, die gemachten Erfahrungen nutzbringend einzusetzen. Zuweilen heißt das, daß ich auf eine Pflanze verzichte, weil sie mir in einer speziellen Pflanzsituation mißfällt. Ich achte darauf, einen Fruchtwechsel einzuhalten. Mit fortschreitender Zeit entwickeln sich durch heranwachsende wie absterbende Vegetation neue Gartensituationen, die überdacht werden müssen. So ist der Lauf der Dinge, nichts bleibt dasselbe, alles ist einem Wandel unterworfen, teilweise bedeutet er Aufbau und manchmal auch Verfall.

In meinem Vorgarten lasse ich die variegierte Poleiminze, *Mentha pulegium* 'Variegatum' zwischen silbernen Rauten laufen, die ihrerseits in die Matten eines weißblühenden Storchschnabels, *Geranium pratense* 'Kashmir White', laufen, der seinerseits mit seinen sich bewurzelnden Trieben Akeleien und Lichtnelken entgegen läuft. Alles ist also in Bewegung. Ich versuche immerhin, gleichstarke Partner aufeinander loszulassen. Das Ergebnis freilich ist ungleich erfreulicher als im Ring.

An anderer Stelle wuchern verschiedene Wolfsmilch-Arten. Da ist zum Beispiel die aufregend braunrote *Euphorbia griffithii* mit Knap Hill-Azaleen und *Pleioblastus viridistriatus* kombiniert. Die zierliche, lebensstarke *Euphorbia cyparissias* umzirkelt *Iris sibirica* und blaublühenden Beinwell, *Symphytum caucasicum*. Die immergrüne *Euphorbia robbiae* wuchert zwischen *Berberis × stenophylla* und gelbbunter Kriechspindel. Unter manchen Rosen wetteifern die rosarote Sterndolde, *Astrantia maxima*, mit den Hornveilchen nackten Boden zu begrünen.

In einem Gartenteil, der Frühlingsblumen vorbehalten ist, sind die Zwiebelquartiere überwachsen von der indischen Scheinbeere, *Duchesnea indica*. Pflanzen mit üppigem Sommerlaub überdecken die Heimstatt von Krokus, Narzissen, Blaustern und anderen frühen Zwiebelblumen, wie zum Beispiel der spanische Kerbel, *Myrrhis odorata*, das Kaukasusvergißmeinnicht, *Brunnera macrophylla*, und Farne wie *Dryopteris filix-mas*. Efeu in unterschiedlichen Sorten wächst unter immergrünen Gehölzen, nestelt um Henne und Küken, *Tolmiea menziesii*, zwischen Lungenkräutern, den Sämlingen von *Pulmonaria rubra* und *P. saccharata* und der falschen Alraunwurzel, *Tellima grandiflora*. Efeu macht zuweilen der Haselwurz und den Primeln das Leben schwer.

Die Blatteppiche brauchen, wenn sie immer tadellos aussehen sollen, zuweilen eine pflegende Hand. In heißen Sommerwochen schlappen unter den Gehölzen manchmal Haselwurz und Lungenkräuter. Ich ringe dann mit mir, ob ich den Regner einsetzen soll. Im Frühjahr streue ich Komposterde auf meine Blatteppiche. An exponierten Stellen, im Vordergrund der Pflanzungen, putze ich die Pflanzen aus, damit sie nicht »müde« aussehen.

Jede verwendete Pflanze reagiert auf ihre Weise auf den Standort und auf andere Pflanzen. Die Christrosen, zum Beispiel, werden von Jahr zu Jahr breiter. Sie mögen nicht verpflanzt werden. Andere hingegen erschöpfen sich schnell und brauchen, wie Waldmeister und Günsel, neue Quartiere, in die sie wandern können. Das Maiglöckchen kann, da es tief geht, lästig werden. Pflanzen, die durch Selbstaussaat ihr Weiterleben bewerkstelligen, wie Fingerhut, Akelei, Judassilberling, müssen im Auge behalten werden. Sie sind durchaus in der Lage, weniger lebensstarken Nachbarn das Wasser abzugraben. Manche Pflanzen, wie *Saxifraga hypnoides*, bekommen im zunehmenden Schatten unschöne Kahlstellen.

Ich habe es gern, wenn zwischen Pflasterfugen alles Mögliche wächst, so zum Beispiel das niedliche, schwarze Bowles-Veilchen, das keck aus den Ritzen eines Weges aus rötlichem Sandstein hervorblüht oder Thymian, der sich dort zu dichten Kissen entwickelt. Das Stachelnüßchen mit all seinen hübschen Blattvarianten vermag so gut, schroffe Übergänge von Pflasterung und Pflanzung zu mildern.

Ich gewähre dem rotblättrigen Breitwegerich, *Plantago major* 'Rubrifolia', und gelbblühendem Scheinmohn, *Meconopsis cambrica*, sich in den Pflasterfugen heimisch zu fühlen. Vorwürfe mache ich mir nur, wenn sich gehbehinderter Gartenbesuch angesagt hat, dann allerdings bin ich zum Jäten entschlossen.

Über die Verwendung von Gräsern

Gräser sind populär geworden. Wo immer sie verwendet werden, zwischen Heidekräutern, Stauden oder vor Sträuchern, wirken sie erfreulich. Ihr lineares Wuchsbild ist ein natürlicher, willkommener Kontrast. Besonders der Bambus steht in hohem Ansehen. In kleinen Hausgärten werden Bambushorste aber schon nach wenigen Jahren viel zu wuchtig und behindern anderes im Wachstum. So Zweig an Zweig mit anderen Gehölzen schmälern die Pflanzen gegenseitig ihre Wirkung. Bambus braucht Platz um sich herum. Wehende Bambushalme vor spiegelnder Wasserfläche gesehen sind besonders eindrucksvoll. Ich mag Bambus gerne auch vor aufgerasterten Glas- und Aluminiumfassaden, die ähnlich wie reflektierendes Wasser das Linienspiel des Grases unterstreichen und im Wechsel von Licht und Schatten die Wirkung vielfältig steigern. Bambus paßt besonders gut in städtische Gartenhöfe, wo er großartig den Raum zu prägen vermag. Merkwürdigerweise, in Gärten, die als Teil umliegender Landschaft empfunden werden, wirkt Bambus asiatisch-fremd. Mein Sitzplatz im Garten wird von *Miscanthus floridulus* gerahmt. Wenn ich dort eigenen Gedanken nachhänge, ist mir das unentwegte Rascheln der Halme bei leisestem Lufthauch angenehm vertraut geworden. Doch daß dies Gras sich an meiner Gartenbank findet, ist lediglich ein zufälliger Begleitumstand; ich selbst habe es nie gepflanzt.

Im Frühjahr, wenn es daran geht, drei Meter hohe, abgestorbene Halme mit der Gartenschere abzuschneiden, meine ich jedesmal, auf die Pflanze verzichten zu können. Diese alljährliche Prozedur ist langweilig und mühselig. Die unterschiedlichen Sorten von *Miscanthus sinensis* sind da viel leichter zu handhaben. Das Chinaschilf vermag in Staudenpflanzungen einen deutlichen Schwerpunkt zu setzen. Ganz allgemein, der grafisch linearen Strukturen wegen, die vor Stauden und Gehölzen kontrastreich wirken, sollte man Gräser im Hausgarten möglichst nicht flächig verwenden. Die Massierung schwächt die Wirkung des Konstrastes. Ich mag Gräser in Horsten stehend, das heißt in kleinen Gruppen zwischen anderen Pflanzen.

Selbst wuchernden Gräsern erlaube ich nicht, sich rasig-flächig zu gebärden, wenngleich dies ihre Natur ist. So nehme ich zum Beispiel des öfteren den weißgrünen Glatthafer, *Arrhenaterum elatius* ssp. *bulbosum* 'Variegatum', oder das Süßgras, *Glyceria maxima* 'Variegata', auf und pflanze kleine Teilstücke. Eine andere Möglichkeit bietet die Verwendung eines Dachpappenstreifens, der ringförmig um die Pflanze in der Erde versenkt, das Wuchern vorübergehend auf ein gewünschtes Maß beschränkt.

Pennisetum orientale und *Cortaderia selloana*, eine hübsche Variante des Federborstengrases, und das Pampasgras sind nur im Weinbauklima so ausdauernd wie man es sich wünscht.

Gräser, die ich an kühlschattigen wie trockenen Pflanzplätzen verwende, und die nicht enttäuschen, sind: *Hakonechloa, Molinia, Milium, Carex*. Im winterlichen Garten möchte ich nicht mehr die überhängenden, weißgrünen Blattbüschel von *Carex hachijoensis* 'Variegata' missen. Diese Segge wirkt so bezaubernd frisch zwischen dunklen, winterlichen Efeumatten. Schwere Barfröste sind zuweilen ein widerlicher Begleitumstand norddeutschen Winterwetters, die dem Gras das Leben schwer machen. Mit einsetzendem Tauwetter wird der Frostschaden allmählich sichtbar und das Gras sieht jämmerlich ramponiert aus. Es braucht mindestens ein halbes Jahr, ehe die Pflanze mit einem Kranz neuer Blätter wieder ansehnlich geworden ist. In Gebieten mit reichem Schneefall, bei grimmiger Kälte, ist das Gras besser aufgehoben. Der Herbst gibt dem Pfeifengras bemerkenswert schöne Blattfärbungen, die mir im Garten ein willkommener jahreszeitlicher Akzent sind. Ich bin immer etwas traurig, wenn im Spätherbst die fahlgewordenen Blattfontänen durch Feuchtigkeit und Frost schließlich in sich zusammensinken.

Gräser sollten möglichst im Vordergrund stehen und nicht nach der alten Regel, Hohes hinten und Niedriges ganz vorn. Man kann durch blühende Pfeifengrasbüsche gleichsam hindurchsehen auf benachbarte Pflanzen. Meine Lieblingssorte heißt sogar 'Transparent'. Auch *Stipa gigantea* ist so schön, daß man dieses Federgras nah vor Augen haben muß.

Schutzbedürftige Pflanzen

Landläufig werden Pflanzen, die frostfrei überwintert werden müssen, als Kübelpflanzen bezeichnet. Der Begriff Kübelpflanzen ist mit der Vorstellung an schwere und große Pflanzgefäße gekoppelt. Ich habe nicht den Platz und die Möglichkeiten, eine Vielzahl an Pflanzen in dieser altvertrauten Weise über den Winter zu bringen. Statt eines Gewächshauses steht mir lediglich ein Raum zur Verfügung, der so bescheiden von der Ausstattung ist, daß ich nicht von einem Wintergarten reden kann. Das notwendige Licht fällt durch ein dreiteiliges Westfenster. Ein installierter Radiator, mit der Zentralheizung gekoppelt, hilft mir, diesen Raum frostfrei zu halten. Ich kultiviere einige Pflanzen wie Daturen, *Phormium*, *Fremontodendron*, einige Sukkulenten, die sommers wie winters in ein und dem selben Pflanzgefäß gehalten werden. Weitere Pflanzen, wie blattduftende Pelargonien, Sorten von *Pelargonium zonale* mit dekorativen Blättern, nachtduftendes *Cestrum*, Fuchsien und vieles mehr werden durch bewurzelte Stecklinge überwintert. Viele der schutzbedürftigen Pflanzen geben dem Garten im Sommer eine spezielle Prägung und verhelfen ihm zu üppiger Vielfältigkeit. Sie sind mir spezielle, persönliche Glanzlichter des Gartenjahres, manche duften gut oder sie erinnern mich an liebgewordene Menschen und Orte.

Ich topfe die überwinterten Stecklinge im März und April um, härte die Pflazen ab und pflanze sie in der Regel im Mai aus. Ich pflanze die glühend rot blühenden *Salvia fulgens* und *Salvia elegans* zwischen die Dahlien. Die rosige, hohe *Salvia involucrata* 'Bethellii' und die reinblaue *Salvia cacalifolia* wie die *Salvia leucantha* mit violetten Bracteen werden mit Lilien, Phlox und Rosen kombiniert. Die heiklere, silberblättrige *Salvia discolor* mit den düster-schwärzlichen Blüten geselle ich zur Spanischen Winde, *Convolvulus cneorum*, die schon früh im April ihren Sommerplatz im Garten zugewiesen bekommt. Diese Winde ist anspruchslos. Sie gibt sich wie ein silbriges Sträuchlein, auf dem dann bis zum Frost die typischen, weißen Windenblüten erscheinen.

Eine Reihe von Pflanzen ist mir lieb durch die Laubschmuckwirkung: silbriges und gelblaubiges *Helichrysum petiolare*, silbriges *Senecio leucostachys* und die strauchige Raute, *Artemisia arborescens*, die den Flor sommerblühender Stauden farblich ergänzen.

Die Strauchveronika 'Simon Deleaux' mit purpurn überlaufenem Laub und rotvioletten Blüten ist leider hierzulande nicht hart genug, um unsere Winter zu ertragen. Ich nehme sie nach den ersten Herbstfrösten auf, reduziere Wurzelballen und Triebe und topfe sie ein. So verfahre ich auch mit der erwähnten Raute, mit Schönmalven, Bleiwurz und kalifornischem *Mimulus aurantiacus*. Diese Form der Gauklerblume hat klebrige, schleppenartige Triebe voller aprikosenfarbener Blüten. Ich mag die Pflanze gern in einem dickbauchigen, grünglasierten Tongefäß, in dem es ausgepflanzt alsbald üppig über die Topfränder quillt.

Der afrikanische Strauch *Melianthus major* hingegen wird im Herbst vorsichtig aufgenommen und mit möglichst intaktem Wurzelballen eingetopft. Er ist mir die Mühe wert, weil er mir zwischen Silberlaubigem willkommene blaugrüne Blattkontraste bringt.

Meine persönliche Auswahl an subtropischen Pflanzen ist damit noch nicht erschöpft. All diese Pflanzen sind natürlich nicht nötig, um einen Garten gut zu gestalten. Man kann mit ihnen aber umgehen wie in der Küche mit exotischen Gewürzen, die bestimmte Speisen reizvoll vervollkommnen oder verfeinern, sie gleichwohl aber nicht verfälschen sollen. Die zeitgemäße Mode, unsere Häuser durch verglaste Anbauten zu erweitern, mag auch dazu dienen, einige der genannten Pflanzen zu überwintern.

Im Frühlingsgärtchen des Autors: Irgendwann werden Buchs und Eiben den trennenden Maschendraht zum Nachbargarten verdecken und doch zulassen, daß die Obstbäume jenseits, wie bisher, die Frühlingsstimmung bekräftigen.

THEMEN UND SITUATIONEN

Bäume für kleine Gärten

Auf einer zurückliegenden Chelsea-Flowershow, der gärtnerischen Superschau, veranstaltet von der Königlichen Gartenbaugesellschaft Großbritanniens, fand sich zwischen dem Werbematerial, das mir in die Hand gedrückt wurde, ein Zettel mit einer Liste von Bäumen für kleine Gärten. Man sieht, das Thema ist auch andernorts aktuell. Viele der aufgelisteten Bäume waren für unser Klima nicht geeignet. Aber ich habe dies als Anstoß genommen, meine eigene Auswahl an Bäumen zusammenzustellen. Ich meine, alles was zehn Meter und höher wächst, ist im kleinen Garten schon ein großer Baum. Ein Blick über die Nachbarzäune zeigt: Da sind zu viele Bäume auf engem Raum gepflanzt. Buchen, Eichen sind der Dimension der kleinen Vorgärten, in die sie einst gepflanzt wurden, längst entwachsen. Der Schatten und der Wurzeldruck, den sie verursachen, wird den Besitzern genug Probleme aufgeben. Die Zedern, Weiden, Buchen, Kastanien, die man in Hausgärten sieht, sind meiner Ansicht nach im Kleingarten fehl am Platz. Schließlich sollte in einem Hausgarten noch mehr wachsen dürfen. Ich gebe zu, daß es schwierig ist, sich vorzustellen, daß die Bäumchen, miserable Dingerchen, die man pflanzt, nach ein paar Jahren eine im Quadrat zunehmende Wuchskraft entwickeln werden.

Was könnte vertrauter und besser sein als ein Apfelbaum als »Familienbaum«, unter dem man sitzt, Kaffee trinkt und in Gesellschaft schwatzen kann. Ich denke besonders an die Hochstämme, wie sie in Großvaters Garten oder in bäuerlichen Obstgärten üblich waren. Nichts gegen Obstbäume im Miniformat, sie erleichtern die Pflegemaßnahmen und das Ernten, doch man kann eben nicht unter ihnen sitzen. Wollen wir bei Äpfeln und Kirschen verweilen. Zieräpfel haben meist erfreuliche Merkmale: Ihr Wuchs ist eigenwillig und malerisch. Sie setzen jahreszeitliche Höhepunkte durch die Überfülle ihrer Blüten und der Früchte. Einige Sorten haben purpurn überhauchtes Laub. 'John Downie', die populärste aller Zierapfelsorten, blüht weiß und im Herbst trägt er die orangegelben, auf der Sonnenseite rotbackigen Äpfelchen.

Besonders spät unter den Zieräpfeln blüht *Malus coronaria* 'Charlottae' mit halbgefüllten rosa Blüten. Erwähnenswert sind gleichfalls der Duft zur Blütezeit und die auffällige Herbstfärbung des Laubes. *Malus* 'Hillieri' bildet eine breitausladende Krone. Die karminfarbenen Knospen öffnen sich zu rosafarbenen Apfelblüten. Die Sorte 'Eleyi' hat dunkelpurpurnes Laub. Dazu passen, Ton in Ton, die weinroten Blütchen.

Zierkirschen haben einen hohen Rang als Blütengehölze. Auf die bekannten, auffälligen japanischen Zierkirschen will ich hier nicht aufmerksam machen. Sie sind wirklich spektakulär, wenn sie blühen, doch zuweilen blühen sie nur allzu kurz. Wer für eine Kirsche Platz findet, sollte die malerisch wachsende Scharlach-Kirsche, *Prunus sargentii*, pflanzen. Der deutsche Name bezieht sich auf die Herbstfärbung. Doch schon im Frühling sind die rosa Blüten zum bronzegetünchten Laub eine Augenweide. Nicht genug, die glänzende, rotbraune Rinde ist ein weiterer Bonus. Eine weitere wünschenswerte Kirsche im kleinen Hausgarten ist für mich *Prunus subhirtella* 'Autumnalis' (mehr darüber in meinen Ausführungen über den winterlichen Garten).

Wählt man Gehölze für den Garten, dann denkt man an die Rindenfärbung meist zuletzt. Unter den Ahornen gibt es einige mit auffälliger Rinde, alle klein genug, um hier genannt zu werden. Da ist *Acer griseum* mit seiner sich lösenden, lockig aufgerollten Rinde, dann *Acer capillipes* mit braungrüner, weißgestreifter Rinde und schließlich, auch weißgestreift, *Acer rufinerve*. Sie allesamt sind, der flammenden Laubfarben im Herbst wegen, schon rühmenswert. Einen weiteren Ahorn, diesmal mit weißgrünen Blättern, den ich für einen Stadtgarten empfehlen kann, ist *Acer negundo* 'Variegatum'. Dort könnte er ein hübscher Akzent sein und den Gärtner anregen, eine lichte, freundliche Pflanzenkombination auszuarbeiten mit leuchtenden Grüntönen und pastelligen Blüten.

Mit goldgelben Blättchen wirkt *Robinia pseudoacacia* 'Frisia' immer sonnig, selbst wenn der Sommer sich verregnet, grau gebärdet. Wie alles Goldlaubige darf diese Robinie nicht zu schattig und nicht zu sonnig gepflanzt werden, sonst vergrünt sie oder das Laub bekommt trockene Ränder. Das Holz der Robinien ist ziemlich brüchig, somit ist ein windgeschützter Pflanzplatz empfehlenswert.

Der Rotdorn, *Crataegus laevigata* 'Coccinea Plena', flankierte früher häufig Tore und Gartenpforten. Die Kronen waren kugelig adrett zurechtgeschnitten und im Mai boten sie sich dar als rote Blütenbälle auf ihren Stämmen. Leider ist das Gehölz für einen gräßlichen Schadpilz Zwischenwirt, der Getreidekulturen befällt. Ein Grund vielleicht, weswegen die altvertrauten Rotdorne selten gepflanzt werden.

Manchmal findet sich im Minigarten nur Platz für einen Baum. Äpfel sind leider selbstunfruchtbar, sie brauchen zur Befruchtung den Blütenstaub einer Fremdsorte. Ein einzeln gepflanzter Baum ist denkbar, wenn im nahegelegenen Nachbargarten Apfelbäume stehen, oder aber auf gleichem Stamm unterschiedliche Edelreiser veredelt wurden, die zur gleichen Zeit blühen.

Es gibt noch andere dekorative Dorne. Ich möchte besonders den Hahnen-Dorn, *Crataegus crus-galli*, nennen. Die derb-ledrigen Blätter halten im Herbst lange die orange Färbung. Die dicken, stumpfroten Früchte halten sich zuweilen bis in den Winter. Die Früchte des Pflaumen-Dorns sind etwas lebhafter gefärbt, aber sie fallen eher vom Baum.

Gleichwohl ist der Pflaumen-Dorn (*Crataegus × prunifolia*) als kleiner Baum wie als höhere, freiwachsende Hecke sehr zu empfehlen. Besonders gerne sehe ich den Apfel-Dorn, *Crataegus × lavallei*, dessen Herbstlaub und die orangefarbenen Beeren sich lange Zeit gut halten. Er wächst sich zu einem kleinkronigen Baum aus und braucht wenig Platz.

Auch die volkstümlichen Ebereschen oder Mehlbeeren mit ihrem lebhaften Fruchtschmuck passen in den Rahmen kleiner Gärten. Sie sind besonders empfehlenswert für leichte Böden. Müßte nicht, ganz unüblich, eine weiß oder rosa gefärbte Vogelbeere verlockend sein? Mir erscheint besonders die weißfruchtige *Sorbus cashmiriana* begehrenswert. Man sagt, sie habe gerne torfige, saure Böden. Sie würde sich zu Rhododendren und Heidekraut gesellt, gut machen. So ein Bäumchen mit fiedrigen Blättern und seinem herbstlichen, weißen Beerenschmuck, inmitten rosig flirrender Heideblüten, das wäre schon eine feine Sache. Auf *Sorbus vilmorinii* bin ich persönlich schlecht zu sprechen. Mein mehrstämmiger Heister denkt nicht daran, mir endlich die ersehnten, rosa Beeren in generösem Umfang zu schenken.

Sehr gut macht sich in sonnigen, geschützten Gartenhöfen der Trompetenbaum, *Catalpa bignonioides*. Die Krone mit den großen, herzförmigen Blättern verursacht nur lichten Schatten. Die Pflanze mutet sehr mittelmeerisch an, obwohl sie ja aus Nordamerika stammt. Hübsch sind gleichfalls die in Rispen dargebotenen, weißen Blüten mit purpurner Schlundzeichnung.

Zum Schluß meiner Auswahl noch ein gutes Wort für eine Birne mit schirmartigem, hängenden Wuchs, *Pyrus salicifolia* 'Pendula'. Das Bäumchen gibt sich wie eine Silberkaskade und in England habe ich es manchmal mit Grausilbrigem kombiniert gesehen.

Wurzeldruck und Schatten

Der Kauf eines Hauses nebst Grundstück wird häufig genug durch malerisch gewachsene, alte Bäume stimuliert. Spätestens, wenn die stolzen Besitzer anfangen, irgend etwas unter solche Bäume zu pflanzen, kommt die Ernüchterung. Ich bekomme häufig genug die verzweifelte Frage gestellt: Was nur kann ich unter meinen großen Baum vor dem Haus pflanzen, es ist darunter so kahl?

Kein Pflanzproblem scheint mir größer zu sein als Trockenheit mit Schatten kombiniert. Es ist schwer, in stark durchwurzeltem Boden eine dauerhafte Begrünung zu bewerkstelligen. Besonders Buchen, Birken, Linden, Ahorne schicken ihre Saugwurzeln bis an die Oberfläche und ihr Schatten ist dicht. Der Wurzelfilz unter eng gepflanzten Nadelbäumen ist besonders arg. Dort mag dann allenfalls noch der Waldsauerklee, *Oxalis acetosella*, wachsen. Eichen sind nicht ganz so schlimm. Aber ich konnte im Garten einer Freundin meine Erfahrungen machen, wie mühselig es ist, selbst unter uralten Eichen andere Pflanzen zum Wachsen zu bewegen. Ehe man irgendetwas unter Bäume pflanzt, sollte man sich ernsthaft fragen, sind die Bäume es wert, daß man irgendwelche aufwendigen Unternehmungen macht? Man sollte wirklich nur behalten, was den Pflanzplatz rechtfertigt. Im Zeitalter des Baumsterbens neigt man verständlicherweise dazu, sentimental zu werden und versucht, manches zu hätscheln, das wirklich vernünftige Hege dem Beil und der Säge überantworten würde. Wenn zu dicht stehendes gelichtet und Krankes entfernt ist, bietet sich die Chance, den Boden tief zu lockern, ihn mit Humus anzureichern oder auch neues Erdreich aufzufüllen.

Angesichts eines großen und altgewordenen Baumes bin ich geneigt zu raten, gar nichts darunter zu pflanzen. So ein Baum besitzt Charakter und Ausstrahlung genug, daß man sich an ihm allein erfreuen kann. Darüber hinaus sehe ich die endlosen Anstrengungen voraus, das Pflanzen, Düngen, Wässern, die sich unter dem Baum niemals mit überschwenglicher Vegetation äußern werden. Schlappende, durstende Pflanzen mit Staub

Der Pflanzplatz unter diesem Rotdorn ist gewöhnlich besonders trocken. Durch das starke Beschneiden der Krone wird jedoch das Erdreich darunter bei Regen besser durchfeuchtet. Als Unterpflanzung, die auch Trockenheit verträgt, haben sich bewährt: Bergenia cordifolia, Asperula odorata, Digitalis purpurea, Omphalodes verna, Hedera helix 'Arborescens' (linker Bildrand), Carex grayi (rechter Bildrand).

bedeckt, sind letztenendes nichts als eine Anklage gegen den Ratgeber und den streßgeplagten Pfleger. Es ist sinnvoller, das Areal unter großen Bäumen anderweitig zu gestalten, vielleicht einen Teil davon zu pflastern. Ich denke an breitfugig verlegten Naturstein oder Granitwürfel, die das Regenwasser noch an die Baumwurzeln gelangen lassen. Nach einiger Zeit wird sich vielleicht Weißmoos (*Leucobryum glaucum*) ansiedeln und kleine, sanfte graugrüne Höckerchen auf dem Boden schwellen lassen. Auch andere Moose scheinen mir durchaus willkommen an solch schattigem Platz, obwohl wir sonst eher unsere Abneigung gegen Moose kultivieren.

Man könnte des weiteren Hochbeete bauen, aus Stein oder Holz, und darauf all die Vielfalt geschätzter Schattenpflanzen unbehelligt vom Wurzeldruck der Bäume kultivieren. Hätte ich einen solchen Gartenplatz, würde ich mir eine Kollektion hübscher, dauerhafter Pflanzgefäße zulegen. Als Bepflanzung würde ich zum Teil ganz simple, winterharte Stauden nehmen. Dann natürlich, würde ich mich unter den Spezialitäten umsehen. Vielleicht hätte ich alsbald eine kleine Kollektion ausgesuchter Funkienhybriden, jene aufregenden Varietäten mit fast blauen, goldgelben und weißgezeichneten Blättern. Im Sommer würde es mich reizen, diesen Töpfen mit unterschiedlichen Blattpflanzen einige schattenverträgliche Zwiebelblumen oder Fuchsien beizugesellen.

Aber ich will das eingangs erwähnte Problem nicht umgehen, sondern meine Erfahrungen mit Bodendeckern unter Eichen schildern. Efeu in Töpfen vorgezogen, dann in den Wurzelfilz der Eichen gepflanzt, rührte sich gewissermaßen zwei Jahre lang nicht vom Fleck. Er wurde im Sommer gewässert und erhielt zweimal im Jahr eine dünne Kompostmulche. Im dritten Jahr fing er an zu wachsen und machte den Eindruck, das Leben fortan kämpferisch meistern zu wollen. Er wurde von Jahr zu Jahr kräftiger. Etwas abseits der Eichen wurde außerdem Erdreich in einem flachen Wall aufgebracht, so daß die Erdaufschüttung selbst den Bäumen nicht schadete. Die neugepflanzten Gewächse hatten dadurch einen guten Start, konnten sich einleben, ehe der Streß mit den mächtigen Nachbarn für sie begann. Denn die Eichen hatten recht schnell herausgefunden, wo es etwas an Nahrung zu holen gab. Der weißbunte Hartriegel, *Cornus alba* 'Argenteomarginata', eigentlich besser in feuchten Lagen aufgehoben, hat sich einigermaßen gut auf dem Wall gehalten. Buchs und Mahonien wuchsen gut. Der Haselwurz, obwohl mit kalkhaltigem Kompost versorgt, gefiel es gar nicht gut. Länger anhaltende Trockenheit haben erstaunlich gut ertragen: Efeu, Funkien, der Wurmfarn (*Dryopteris filix-mas*), der Schildfarn (*Polystichum setiferum*), *Vinca*, Bergenien.

Eine weitere Möglichkeit bietet sich auch unter dicht schließendem Laubdach, Pflanzen anzusiedeln, die ihren Wachstumszyklus früh beenden. Wer eine Frühlingsbepflanzung unter Buchen wünscht, kann es mit Buschwindröschen, *Crocus tommasinianus* und Vogelmilch (*Ornithogalum umbellatum*) versuchen. Erstaunlich zäh und hart im Nehmen sind ferner Maiglöckchen, Elfenblumen und Waldmeister.

Dann sei noch auf eine unübliche Form der Wachstumskontrolle aufmerksam gemacht, den Wurzelschnitt. Wer Beverley Nichols, den britischen Schriftsteller, schätzt, wird vielleicht gelesen haben, wie er mit einer Blutbuche in seinem Londoner Stadtgarten verfuhr. Er ließ einen Teil der Wurzeln kappen und verhinderte durch senkrecht versenkte Barrieren, daß nachwachsende Wurzeln die Unterpflanzung aushungerten. Ich verfahre ähnlich mit meiner Eibenhecke. Sie wird nicht nur alljährlich oberirdisch beschnitten. Ich durchtrenne alljährlich mehr als spatentief die Saugwurzeln, einen halben Meter von der Basis der Hecke entfernt. Dies allerdings geschieht nur auf einer Heckenseite. Ich konnte mich bisher noch nicht entschließen, Eternit- oder Aluminiumplatten senkrecht zu vergraben, um den räuberischen Wurzeln den Zugriff auf die Staudenpflanzung längerfristig zu verwehren. Manche Pflanzen haben den Wurzeldruck der Eiben bisher gut ertragen, so etwa der Frauenmantel (*Alchemilla mollis*), Storchenschnabel (*Geranium phaeum* und *Geranium endressi*), das Kaukasusvergißmeinnicht, unterschiedliche Veilchen, die Kriechspindeln, Wolfsmilch (*Euphorbia cyparissias* und *Euphorbia robbiae*) und *Arum italicum* 'Pictum'. Auch die Kletterhortensie (*Hydrangea petiolaris*) kommt erstaunlich gut mit trockenem Schatten zurecht.

Wer jemals im Gefüge knorriger Baumwurzeln eine Kolonie der herbstblühenden Alpenveilchen, *Cyclamen hederifolium* und *Cyclamen purpurascens* sah, mag geradezu gerührt sein von soviel Lebensmut. *Cyclamen* können alt wie Methusalem werden und ihre Knollen werden allmählich faustgroß. Es sei aber daran erinnert, daß ihr Langmut, es mit uns und der wenig erfreulichen Situation unter einem Baum auszuhalten, hin und wieder belohnt werden sollte, vielleicht durch eine Gabe Knochenmehl oder kalkige Lauberde.

Immer wenn es schwierige Pflanzsituationen zu überwinden gilt, fällt mir Efeu ein. Seine Neigung, Sports auszubilden, hat uns eine Überfülle an Sorten beschert. Es gibt Efeublätter in vielerlei Form: Schild- oder herzförmige Blätter haben gezackte, gezähnte, ganzrandige, wellige, gebuchtete Ränder. Nicht genug, es gibt Efeublätter in unterschiedlichster Variation des Grüns und hübscher heller Blattzeichnung. Wenn man all die Vielfalt möglicher Efeuteppiche unter Bäumen in Betracht zieht, verlieren schattig-trockene Pflanzplätze etwas an Schrecken.

Mein Frühlingsgärtchen

Botticellis Gemälde »La Primavera« mit tausenden Blumen zu Füßen der Frühlingsgöttin inspirierte die Besitzer von Sissinghurst Castle, Vita Sackville-West und ihren Ehemann Harold Nicolson, zu einem Frühlingsgärtchen. Der »Limewalk«, so heißt das Gärtchen, ist nichts weiter als eine von einer Hainbuchenhecke flankierte Allee aus dreißig formal beschnittenen Linden. Es ist ein langgestreckter, intimer Gartenraum. Unter den Linden ist der Boden gepflastert und in den schmalen Beeten stehen ausschließlich Frühlingsblumen. Im April und Mai zeigt der Garten die konzentrierte Kraft des Frühlingsflors.

Dieser Garten hat mich verleitet, es mit einem eigenen Frühlingsgärtchen zu versuchen. Wenngleich weniger stilisiert und kleiner, wollte ich in meinem Gärtchen, wie beim berühmten Vorbild, den Frühlingsflor konzentriert, dicht und üppig haben. Mein Frühlingsgärtchen sollte möglichst vom März an bis Mitte Mai ansehnlich sein. Als Platz bot sich die äußerste Gartenecke, wo drei Obstbäume stehen. Dort findet sich auch mein Kompostplatz und ein einfaches, holzverschaltes Kleingewächshaus. Der Kompostplatz ist durch eine bewachsene Bretterwand einigermaßen den Blicken entzogen. Das Areal wird im Sommer von den Obstbäumen und Haselsträuchern meiner Nachbarn beschattet. Ich habe zunächst altes Betonpflaster breitfugig verlegt. In die Fugen habe ich vor gut einem Jahrzehnt Veilchen, Porzellanblümchen (*Saxifraga* × *urbium*), Krokus und Blausterne gepflanzt. Dazu haben sich seither alle möglichen Frühblüher selbst angesiedelt, die von den Pflanzen unter den Obstbäumen stammen. Da findet sich die Frühlingsplatterbse (*Lathyrus vernus*), Leberblümchen, Buschwindröschen, Lungenkräuter, Efeu, Primeln. Die ehemals gepflanzten Zwiebelhorste sind längst ineinander gewachsen und geben sich nun rasig. Jeder Frühling ist eine Überraschung, denn von Jahr zu Jahr werden die einzelnen Pflanzen von unterschiedlichsten Einflüssen begünstigt oder benachteiligt. Da mögen in einem Jahr die Mäuse besonders viel vom Krokusschatz vertilgen, so daß im darauffolgenden Frühjahr statt der gewohnten Überzahl der

Die dankbare, maiblühende Darwin-Tulpe 'Queen of Bartigons' ist hier in der Kombination mit der farbkräftigeren Auslese von Lunaria annua und purpurblättrigem Prunus cerasus 'Cistena' zu sehen. Manchmal ist der Pflanzgesellschaft noch das Blau des Vergißmeinnichts beigefügt.

Krokusbecher die Anemonenschalen dominieren. In einem Jahr sind die Vergißmeinnichtteppiche den Mondviolen überlegen und im anderen machen jene das Rennen. Von der Mondviole habe ich eine rotviolette, farbkräftige Auslese, die farblich die dem Frühlingsgärtchen vorgelagerte Purpurpflanzung bereichert. Hier, unter den Obstbäumen und manchen Sträuchern, die das Rückgrat der Purpurpflanzung abgeben, dürfen sich die Frühlingsblumen wild geben. Ich lasse sie wachsen, wie sie selbst es wollen. Hin und wieder allerdings greife ich ein; meist im Spätsommer jäte ich Unerwünschtes oder dezimiere manche Pflanzen, wenn andere Gefahr laufen, verdrängt zu werden. Alljährlich im Herbst pflanze ich Zwiebeln hinzu, um einen erwünschten Farbeffekt herauszustreichen oder einfach eine neue Sorte auszuprobieren.

Das Erwachen meines Frühlingsgärtchens beginnt im Februar–März mit dem Flor der Christrosen. Das Erlebnis ist immer wieder groß: gerade wenn ich akzeptiert habe, daß da unter dem kahlen Geäst der Obstbäume nichts zu erwarten ist als abgestorbenes Laub, tauchen die ersten makellosen Blumengesichter der Christrosen auf. Und Jahr für Jahr bleibt mein Erstaunen und Entzücken darüber gleich.

Ich habe einige Horste *Helleborus orientalis* und Hybriden, deren Farben von rosig überhauchtem Weiß zu Rosa bis hin zu schwärzlichem Pflaumenpurpur spielen. Manche Varietäten haben außerdem lebhafte purpurne Sprenkel auf den Blütenblättern. Aber genauso lieb sind mir die kleineren, schwefelgrünen, braungesäumten Blütenglöckchen der Stinkenden Nieswurz, *Helleborus foetidus*, deren feingeschnittene, immergrüne Blattfächer übers Jahr einen erfreulichen Laubschmuck abgeben. Die einst aus Italien mitgebrachte *Helleborus viridis*, die grün blüht wie der Name es andeutet, entschließt sich bei mir schon im November, mit dem Blühen anzufangen. Häufig fallen die Blüten dann der einsetzenden Winterkälte zum Opfer. *Helleborus lividus* ssp. *corsicus*, so spektakulär ihre grünen Blüten an immergrün belaubten Schäften sein mögen, ist bei mir nicht rühmenswert. Unwahrscheinlich blau und gläsern wirken die Blüten der Netziris neben pflaumenpurpurnen Blüten von *Helleborus abchasicus*.

Die Krokusblüte beginnt mit einem purpurnen Hauch, ersten Blüten, die *Crocus tommasinianus*

'Ruby Giant' auf feuchten Boden zaubert, eine Vorahnung gewissermaßen für nachfolgende Krokusscharen. Da blüht der große weiße Gartenkrokus 'Jeanne d'Arc' und der blaßviolette 'Vanguard' in großen Gruppen. Danach dominieren *Chionodoxa* und unterschiedliche Scillen mit ihrem tiefen Blütenblau. Ich trachte, das Blau festzuhalten und zu variieren durch Blüten des Leberblümchens, durch *Anemone blanda*, durch Sorten des Buschwindröschens, durch vielfältige *Muscari* bis hin zu den Blüten des Hasenglöckchens, *Hyacinthoides non-scripta*, und des Kaukasusvergißmeinnichts als Finale.

Eine *Forsythia suspensa* blüht in der äußersten Gartenecke in jenem kräftigen Gelb, das zu anderer Jahreszeit der vorgelagerten Purpurpflanzung äußerst disharmonisch »in den Rücken fallen« würde. Die Forsythie blüht nicht sehr kräftig, denn der sommerliche Schatten der benachbarten Haselsträucher mindert die Ausbildung von Blütenknospen. Die Narzissen in diesem Gärtchen sind allenfalls blaßgelb und ihr Gelb erscheint im April, zu einem Zeitpunkt, wo der Charakter der vorgelagerten Purpurmodulation noch nicht ausgeprägt ist. Im Mai, nachdem das Laubwerk vieler Stauden und der Gehölze entwickelt ist, dulde ich in dieser Gartenregion keine gelbblühende Pflanze mehr. An Narzissen finden sich hier unterschiedliche, zierliche Hybriden von *Narcissus triandrus* und *Narcissus cyclamineus*, aber auch größere Sorten wie 'Passionale' mit rosafarbener Krone und die gelbweiße 'Green Island'.

Die rosigen, purpurnen und karminroten Blütenfarben dominieren. Ich habe die Tulpensorten in diesem Farbspektrum ausgewählt. Manchmal sind da immer noch wenige scharlachrote Darwinhybriden, Überbleibsel aus dem Blumenschatz meines Gartenvorbesitzers, die wie Paukenschläge zwischen den rotvioletten Mondviolen wirken. An grauen, dunstigen Frühlingstagen sind diese Tulpen zwischen dem vielen Violett wie ein raffiniertes Wagnis und durchaus zu tolerieren. Anderntags dann, wenn die Sonne scheint, können sie mir wie eine Sünde wider mein Farbempfinden scheinen und ich schneide die Tulpen ab, um Vasen damit zu füllen. Im guten Sinne raffiniert sind die bläulich-roten, also die karminfarbenen Tulpen, zum Beispiel meine Lieblingstulpe 'Captain Fryatt'. Karminrot ist auch die Wildtulpe *Tulipa didieri*. Meine kostbarsten Primeln, gefülltblühende Sorten, prunken in bläulichen Rottönen. Die Sämlinge von *Primula* 'Cowichan' haben allesamt, wie die Mutter, kein gelbes, zentrales Mal und die Rottöne wirken schwer und feierlich. Die Juliae-Hybriden offerieren reiche, sattviolette Töne. Ich bin so froh, daß es diese Primeln überhaupt in meinem Garten tun und ich versuche mich dankbar zu zeigen, mit Gaben von Torf, Kompost und einem Extraschluck Wasser im Sommer. Der Flor im Vorfrühling wird durch Immergrünes gestützt. Allmählich wird meine Absicht deutlich obwohl die gepflanzten *Ilex*-Sämlinge, Mahonien, die Lavendelheide, die *Vinca*-Teppiche und Spindelsträucher immer noch nur wie eine immergrüne Andeutung wirken.

Wenn das Tränende Herz unter schützenden Obstbaumzweigen wieder einmal einem Maifrost entgangen ist und die ersten Akeleien neben der Rhododendron-Kurume-Hybride 'Kermesina' anfangen zu blühen, wird mein Frühlingsgärtchen allmählich unordentlich und müde. Ich habe dankbar genossen, was mir der Frühling wieder an Blüten geschenkt hat. Da warten inzwischen so viele Kistchen und Töpfchen, die es zu versorgen gilt, daß ich froh bin, diese Gartenecke für die folgende Jahreszeit vernachlässigen und sich selbst überlassen zu können.

Beete am Haus

Zuallererst möchte ich sagen, daß ich natürlich niemanden zu Dingen überreden will, die einem die gute Laune verderben könnten und ich möchte auch nicht, daß mir jemand gram ist. Worauf ich hinaus will, ist, Mut zu machen, Heikles im Schutz von Hausmauern zu kultivieren, das sonst im offenen Garten dem Klima nicht gewachsen wäre. Ich will eine Möglichkeit des Gärtnerns aufzeigen, aber keine Hexerei.

Neben den vielen Nachteilen, die Stadtgärten haben, bieten sie einen erheblichen Vorteil: Die Herbstfröste kommen spät und die Härten des Winters werden durch die Wärmerückstrahlung der Mauern gemildert. Mein erster Garten in Hamburgs Zentrum, eigentlich war es nur eine schmale Rabatte an einer Südwand, bot die Möglichkeit, manches zu kultivieren, das üblicherweise in unseren Breiten nur ein Leben im Blumentopf kennt. Ich konnte vor meinem Fenster Passionsblumen ranken lassen und machte meine Erfahrungen mit immergrünen Säckelblumen, *Ceanothus impressus*, und mit Zistrosen. Selbst in meinem jetzigen Garten, dessen Mikroklima weniger günstig ist, sind die Erfahrungen mit schutzbedürftigen Pflanzen durchaus ermutigend.

In einem Beet an der Westwand des Schuppens, das verschiedene Moorbeetpflanzen beherbergt, wächst, von der Wintersonne unbehelligt, die Baumheide, *Erica arborea* var. *alpina*. Ihr benachbart ist *Zenobia pulverulenta*, die mir im Frühsommer die aufgeblasenen, wachsweißen, an Maiglöckchen erinnernden Blüten schenkt. Dort kann auch spät im Jahr die rotblättrige *Saxifraga fortunei*, unangefochten von ersten Herbstfrösten, lange blühen. Mein Südbeet, so nenne ich einen meterbreiten Beetstreifen an der Südseite des Hauses, bleibt vier Wochen länger von den Herbstfrösten verschont als der übrige Garten. Dort zeigen sich die ersten Zwiebelblumen im Jahr, Krokus-Species und *Iris histrioides* 'Major' meist schon Anfang Februar. Dies Beet liegt im Vorgarten, der mit vielen silberblättrigen Pflanzen gestaltet wurde. Auch an der Südwand finden sich allerlei »Silberlinge«, die nur dort eine Chance haben, den Winter zu überstehen. So etwa der kalifornische Baum-

Romneya coulteri, der Baummohn aus Kalifornien, mag es gerne brandig-heiß, wie es zuweilen am Fuß einer Südmauer auch hierzulande sein kann. Dort übersteht er sogar unsere Winter und wuchert beträchtlich, doch ein Verpflanzen erträgt er nicht. Blüht er, ist der stille Vorwurf über ein Wirrwarr beblätterter Triebe vergessen.

mohn, *Romneya coulteri*, den ich selbst herangezogen habe. Die Saat war ein Mitbringsel aus Kalifornien. In diesem Beet hat sich *Hebe pinguifolia* 'Pagei', die einigermaßen hart ist, zu Quadratmetergröße entwickeln können. Nur da können zwei weitere silberblaue Varianten der Strauchveronika, *Hebe glaucocaerulea* und *Hebe recurva* den Winter überstehen. *Lithodora diffusa*, der enzianblaue Steinsame, ist hier üppiger als sonst im Garten und hat sich ein beachtliches Areal erobert. *Libertia grandiflora* paßt recht gut zu den Heben, kommt sie doch wie jene aus Neuseeland. Sie hält sich seit einem Jahrzehnt und blüht alljährlich im Mai. Die weißen Blüten werden hoch an straffen Stengeln über immergrünen Blattfächern getragen.

Der blausilbrige Aspekt der Pflanzung wird unterstrichen durch unterschiedliche Wolfsmilch-Arten. Da ist die bekannte Walzen-Wolfsmilch, *Euphorbia myrsinites*, die imposante *Euphorbia characias*, die grazile *Euphorbia nicaeensis* und die niedlich kleine *Euphorbia capitulata*. Im Frühling und Frühsommer blühen sie und ihre Hochblätter (Bracteen) zeigen die typische, schwefelgrüne Färbung, die ich so gerne als farbliche Ergänzung anderer Blütenfarben mag. Die silbrigen Polster der weißen Nelke 'Musgrave's White' und die weißgrauen, zerschlissenen Blättchen von *Chrysanthemum haradjanii* 'Amanum' säumen die riesigen Blattrichter einer seltenen Schopflilie, *Eucomis pole-evansii*. Ich habe die Schopflilie ausgepflanzt, weil sie im Holzkübel eigentlich nie richtig geblüht hat. Der bekannten *Eucomis bicolor* gefällt es schon ein paar Jahre länger neben der persischen Kaiserkrone, *Fritillaria persica* 'Adijaman'. Nur an diesem trockenwarmen Standplatz reift diese Kaiserkrone genügend aus, um alljährlich die ersehnten pflaumenpurpurnen Blütenkandelaber hervorbringen zu können.

Die Liste an Zwiebelblumen, die ich in meinem Südbeet kultiviere, ist allzu lang. Doch ein paar Streiflichter auf jahreszeitliche Blütenabfolgen will ich geben. Nach der Blüte von Krokus und Netziris wird der Irisreigen weitergeführt durch eine frühblühende blaue Juno-Iris, *Iris aucheri*. Die Regeliocyclus-Hybriden, ein Mitbringsel aus Israel, sind mir besonders teuer. Die grauviolett geaderten Blüten mit dem schwarzen Saftmal auf den Hängeblättern sind sehr beeindruckend und dramatisch in ihrer Ausstrahlung. Freilich, so sommertrocken wie diese Iris es brauchen, ist es in diesem Beet nicht. Ich rode die Rhizome im Juli und pflanze sie erneut im November. Anfang bis Mitte Mai ist *Paeonia emodi*, aus Kaschmir stammend, mit makellosen weißen Blütenschalen zur Stelle. Hier blüht mit der Paeonie zusammen das weiße Tränende Herz, unangefochten von den Frühlingsfrösten. In anderen Gartenteilen wird es häufig genug zum späteren Zeitpunkt von den Maifrösten ereilt. Mittlerweile ist der Pflanzplatz der *Amaryllis belladonna* so sommertrocken, wie sie es braucht. Der Purpurblättrige Wein über ihr hält den Regen fern und so können die Zwiebeln gut ausreifen. September–Oktober für gewöhnlich, von einem Tag zum anderen, kommen die rotbehauchten Blütenschäfte aus dem Boden und rasch öffnen sich die rosigen Blütentrichter. Gleich daneben blüht ohne Unterlaß durch den Sommer *Ceratostigma willmottianum*, eine Verwandte der bekannten Bleiwurz, im Kübel. Ich kann mich an den reinblauen Blüten auf drahtigen Stengeln gar nicht sattsehen. Auf der Westseite des Hauses, direkt an der Mauer, zu Füßen einer 'Gloire de Dijon'-Rose, gedeihen *Cassinia fulvida*, ein heideartiges Sträuchlein aus Neuseeland mit goldenen Blättchen, und *Othonnopsis cheirifolia* (syn. *Hertia cheirifolia*) mit den löffelartigen, blausilbrigen Blättern. *Kniphofia northiae* ist mit den fast blauen Blattrichtern sehr auffällig. Im Sommer blüht zusammen mit der Rose die Kaffirlilie, *Phygelius capensis*, und die Leopardenblume, *Belamcanda chinensis*.

Ohne noch weiter auf meine Beete am Haus eingehen zu müssen, dürfte klar sein, daß es lustiger und auch hübscher ist, statt der Betonplatten, die zu Füßen von Hausmauern häufig liegen, Grünendes und Blühendes zu haben. Jeder muß das für sich selbst entscheiden.

Das Klima im Norden Deutschlands gibt sich anders als im Süden. Zudem gibt es bauliche Gepflogenheiten, so sind in Bayern die Dachüberstände zuweilen so beträchtlich, daß Beete am Haus zu trocken sind.

Manche Pflanzen, so Rosen und Clematis, werden an solchen Pflanzplätzen leider vom Mehltau befallen. Aber wer kann, soll sich zur Freude Schutzbedürftiges mit Phantasie und Wagemut vor die Hausmauern pflanzen.

Wasser im Garten

Das Wasser in einem Garten garantiert Leben in mannigfaltiger Form. Ob in einem Becken liebevoll gehütet oder durch Fontänen lustvoll vergeudet, immer hat der Mensch versucht, in seinen Gärten das Vorhandensein von Wasser gestalterisch zu akzentuieren.

Für die Kühle und Frische des Wassers ist jedermann empfänglich. Das Plätschern von Wasser in einem Garten am Mittelmeer bedeutet etwas anderes als im kühlen Norden. Doch selbst dort gibt es ja zuweilen heiße Sommer. Ein kleines Wasserbecken genügt dabei schon, die Luft im städtischen Gartenhof angenehmer zu machen.

Mit Wasser läßt sich der Gegensatz von Bewegtem und Ruhigem reizvoll herausstreichen, lassen sich Licht und Heiterkeit durch Spiegelung hervorzaubern. Ein Springbrunnen erscheint mir unter Münchens Sommerhimmel zauberhaft, in Hamburg hingegen verursacht die Vorstellung daran eher ein leichtes Frösteln. Im Norden mag ich da stille, vollbesonnte Wasserbecken in rotgeklinkerten Gartenhöfen, in denen sich all die Phänomene eines hohen Himmels widergespiegelt darbieten, viel lieber. Da ist auch der akustische Aspekt von Wasser. Kaum jemand hat in jüngster Vergangenheit diesen Aspekt so meisterhaft mit dem Visuellen zu vereinen gewußt wie Graf de Noailles. Ich konnte seine berühmt gewordene Gartenanlage in Grasse in Südfrankreich Ende der siebziger Jahre besuchen, um darüber zu berichten. Dort fanden sich Fontänen, Teiche, Wasserspeier, Quellbecken und Tröge. Stetig rieselnd, tropfend, gurgelnd, dumpf tönend und hell glucksend wird dem Ohr eines Besuchers das kühlespendende Labsal vorangekündigt, noch ehe das dargebotene Wasser selbst ins Blickfeld gerät.

Der Zierteich ist bei Gartenliebhabern hoch im Kurs, gottlob, man braucht nicht mehr Tonnen fetter Tonerde, um ihn dicht zu halten. Wir haben Plastikfolien. Neuem Umweltbewußtsein gemäß sieht man im Folienteich ein zu nutzendes Biotop – zur großen Freude von Lurchen und Erdöllieferanten gleichermaßen. Das flexible Material setzt dem Gestaltungswillen kaum Grenzen. Doch häufig erweist sich der mit naturalistischem Effekt präsentierte Teich, im Gesamtgefüge von Haus und Garten betrachtet, als nicht integriertes Loch, kläglich und klein.

Aber vielleicht bietet Ihr Garten einen Entwässerungsgraben in einer Bodensenke, wo selbst in trockenen Sommern die Erde frisch bleibt. An solchem Ort einen Teich zu graben, um den natürlichen Vorzug frischen Bodens noch zu akzentuieren, scheint mir empfehlenswert und höchst reizvoll. Dort böten sich Pflanzflächen für feuchtigkeitsliebende Stauden. Die Riesenblätter der *Gunnera* wie die imposanten Blätter von Rhabarber und Rodgersien könnten so einem Areal ein tropisches Gepränge geben, und direkt am Wasser könnten vielfältige asiatische Primeln und der Königsfarn vorzüglich gedeihen. Es wäre zu überlegen, ob man nicht zu den genannten Riesenstauden die samtblättrige Hortensie, *Hydrangea sargentiana*, oder die Schneeballhortensie, *Hydrangea paniculata*, gesellen sollte, die auch im Winter dem Ort Struktur geben könnten. Die Stauden sind ja winters über verschwunden. Vielleicht sogar ließe sich eine rundkopfige Weide mit schönem, silberhaarigem Laub, *Salix alba* 'Sericea', pflanzen, oder es fände sich Platz für *Salix alba* 'Chermesina', eine Weide mit orangeroten, winterlichen Zweigen, oder für eine Weide mit skurril verdreht wachsendem Gezweig, *Salix matsudama* 'Tortuosa', die allesamt den Charakter eines Wassergärtchens dauerhaft unterstrichen. Die lebhaft gefärbten Weidenrinden als Winterschmuck könnten durch rot- und gelbtriebigen Hartriegel ergänzt werden. Vielleicht sollte dem noch Immergrünes hinzugefügt sein, um einen dunklen, schweren Kontrast zu haben, vielleicht eine Stechpalme oder der immergrüne Schneeball, *Viburnum rhytidophyllum*, mit seinen runzeligen Blättern.

Die feuchten Ränder eines Grabens oder einer Senke sind vorzüglich geeignet, eine Primelkollektion zu beherbergen. Mir kommt der reichbepflanzte Garten der verstorbenen englischen Gartenschriftstellerin Margery Fish in den Sinn. Der Garten ist der Öffentlichkeit durch eine Stiftung zugänglich gemacht worden und wird im Sinn seiner Schöpferin erhalten und gepflegt. Dort wachsen zu Füßen kopfig gestutzter Weiden seltenste Primel-Sorten, zusammen mit Gänseblümchen, Veilchen, Aronstab. Schon der Gedanke an diesen Garten läßt mir Primelfreuden schlechthin lebendig werden und auch bedauern, meinem gelbfruchtigen Schneeball, *Viburnum opulus* 'Xanthocarpum' nicht solch saftiges Medium zum Wohlergehen bieten zu können. Dieser Schneeball trägt fast transparente, an Bernstein erinnernde Früchte. Er könnte in einem stilisierten Wassergarten einen herbstlichen Akzent setzen. Gleichfalls gut in der Nachbarschaft von Primeln, Taglilien und Astilben, die es allesamt feuchtfröhlich mögen, würde sich der malerisch wachsende *Viburnum plicatum* 'Mariesii' machen. Zum flirrenden Libellenflug über spiegelndem Wasser im Juni schenkt er dann an waagrecht getragenem Gezweig weiße, flache Blütenstände.

In der Gartenanlage Tintelhof der Familie Dekker, in der Nähe von Middelburg, in den Niederlanden, findet sich so vieles, das die Herzen von Pflanzenliebhabern höher schlagen läßt. Und von einer Hausseite bietet sich dieser hübsche Blick: **Ein erhöhtes Wasserbecken, in dem die Wolken Zeelands sich spiegeln und dahinter, weiße Blumen in immergrün gefaßten Gärtchen.**

Der Garten im Winter

Der November ist meist vollgestopft mit Gartenaktivitäten, mit Pflanzen und Aufräumen. Bis es dunkelt, bleibt wenig Zeit, von Tag zu Tag weniger. Die Arbeit würde auch so weitergehen, wenn nicht eines Tages ein jäher Frosteinbruch dem ein Ende setzte. Die frostige Periode hat dann aber auch ihr Gutes, in der Wärme des beheizten Hauses zehren die unerledigten Gartenarbeiten weniger stark an der Gärtnerehre. Der Garten gerät nun eher zu einem Anschauungsobjekt als zum Operationsfeld eigenen Betätigungsdranges. Milde Adventwochen stimmen dann auch mich milde und vermögen mich schon wieder nach draußen zu locken, wo ich mit neugierigem Blick durch den Garten schlendere, nun allerdings mit Muße.

Zu den größten Gartenfreuden zählt so ein Rundgang mitten im Winter, wenn man dann plötzlich Blühendes entdeckt. Ich meine richtige, frische, funkelnagelneue Blüten. Mein Duftschneeball blüht! Voll Freude und Überraschung möchte ich es den Leuten jenseits der Hecke zurufen. Was für ein Geschenk ist doch dieser Strauch. Der Frost mag die Blüten bräunen, aber immer wieder, wenn das Wetter mild ist, kommen neue zur Entfaltung, bis in den März hinein. Jetzt, da der Strauch groß und ausladend herangewachsen ist, erlaube ich mir schon häufiger, blühende Zweige davon zu schneiden. Ich arrangiere sie in einem grünglasierten, chinesischen Ingwertopf. Es ist ein unglaublicher Duft, den mein Schneeball in der warmen Wohnzimmerluft zur Entfaltung bringt. Der Duft streift gewissermaßen in Wellen durch den Raum, lenkt die Beobachtung auf die blühenden Zweige in der Keramik. Die roten Knospen sind zunächst ganz dicht gedrängt zwischen grünen, schuppenartigen Hüllblättchen. Dann, durch die Wärme, streckt sich das Knospenknäuel, ein wenig so, als würde man die Finger einer geballten Faust lockern und allmählich lösen. Zuerst öffnet sich eine, dann eine zweite Blüte. Durch die fortdauernde Wärme verleitet, erblüht eine Knospe nach der anderen. Sie bilden allesamt ein gebündeltes Sträußchen. Geöffnet sind die Blüten weiß, lediglich am Blütenblattrand ist noch ein wenig Rosa. Der Duft ist kaum zu beschreiben, nichts Vertrautes ist an dem Geruch, das man damit assoziieren und als verständliche Vokabel anbieten könnte. Der Duft ist süß. Ja, süß ist er und ein wenig trocken-pudrig. Mein Duftschneeball ist eine in Bodnant in Wales entstandene Hybride aus *Viburnum fragrans*, er heißt *Viburnum × bodnantense* 'Deben'.

Aber neben diesem Schneeball sind da Seidelbast, Winterblüte, Mahonien, *Abeliophyllum* und *Hamamelis*, sie duften allesamt. Wie merkwürdig, daß ausgerechnet die Winterblüher besonders duften. Ob sie es tun, damit die wenigen Insekten, die in milden Perioden ihre Schlupfwinkel verlassen, signalisiert bekommen, der Tisch sei gedeckt.

Die Winterblüte, *Chimonanthus praecox*, wächst leider sehr langsam, ein Grund vielleicht, daß man sie so selten pflanzt. Die braungelben Sternchenblüten sind nicht weiter auffällig, es ist eben der Duft, der die Pflanze so begehrenswert macht.

Seidelbast ist vertraut und jedermann hat die Pflanze irgendwann zu Gesicht bekommen. Je nach Witterungsverlauf erscheinen die lilapurpurnen Blütchen, dicht an dicht am nackten Stengel gehäuft, von Januar bis in den März. Die Pflanze mag nicht gestört, nicht verpflanzt werden. Es ist besser, von Gartenfreunden die roten, fleischigen Beeren im Spätsommer zu erbitten und sie sofort zu säen. Ich habe die weißblühende Form, deren Beeren gelb gefärbt sind. Der Duft ist natürlich genauso intensiv wie bei der üblichen Art.

Die Zaubernüsse sind nicht genug zu preisen, sind aber bekannt, deswegen brauche ich hier nicht näher auf sie einzugehen. *Hamamelis mollis* beginnt meist mit dem Flor um Neujahr herum. Gibt sich der Januar extrem kalt, dann verbrennen die geöffneten, bandförmigen Blütenblättchen natürlich, aber Zaubernüsse können einiges an Kälte vertragen. Ich habe die hellgelb blühende 'Pallida', die als herausragende Sorte gepriesen wird, in meinen Garten geholt. Hätte ich nur genügend Platz, dann würde ich wohl auch jene rotblühenden Hybriden aus *Hamamelis japonica* mit *Hamamelis mollis*, mit Sortennamen wie 'Jelena' und 'Ruby Glow' pflanzen.

Mahonia × bealii trägt ihre hellgelben Blüten in langgestreckten, endständigen Trauben über dem dekorativen Laub. Der Duft erinnert ein wenig an Maiglöckchen. Bei mir teilt sich diese Mahonie den geschützten Platz an einer Westwand mit der Baumheide *Erica arborea*, mit *Rhododendron impeditum* 'Azurwolke', einem Lorbeerkrüglein mit buntgezeichnetem Laub (*Leucothoë fontanesiana* 'Rainbow') und *Hydrangea macrophylla* 'Bluewave'. Doch leider werden häufig genug die gerade erblühten Trauben von der Januarkälte ruiniert.

Süßduftend ist auch *Erica darleyensis* 'Silberschmelze' (*E. carnea × E. mediterranea*), die meist im Februar zu blühen beginnt. Das gemeinsame Blühen mit der Scheinhasel, *Corylopsis pauciflora*, in meinem Vorgarten findet aber erst Ende März oder im April statt. Die Scheinhasel läßt sich durch ein paar milde Winterwochen durchaus nicht zu einer verfrühten Blüte bewegen. Aber natürlich, selbst im April sind mir die primelgelben Blütenträubchen im dichtverzweigten, flachen Geäst des Sträuchleins noch willkommen. Ich habe der Scheinhasel die starkwachsende *Epimedium*-Sorte 'Frohnleiten', eine Elfenblume, zur Seite gegeben, die nur bei starken Barfrösten Schaden nimmt, ansonsten im Winter mit immergrünen Blatteppichen erfreut.

Zu Füßen des Immergrünen Geißblattes, *Lonicera henryi*, an geschütztem Platz, wo todbringender Ostwind im Winter ferngehalten wird, wächst das immergrüne Sträuchlein *Sarcococca hookeriana* ssp. *digyna*. Es stammt aus China und blüht im Spätwinter. Die weißen, männlichen Blüten duften süß nach Honig, ein Grund für mich, die Pflanze besitzen zu wollen. An dem Platz ist auch der Austrieb von *Pieris japonica* 'Variegata' einigermaßen sicher vor den alljährlichen Frühlingsfrösten, die ihr üblicherweise in meinem Garten das Leben sauer werden lassen.

Das erste Kennenlernen bleibt einem häufig, ähnlich wie bei Freunden, auch bei Pflanzen im Gedächtnis haften. Ich entsinne mich noch genau, daß ich an einem grauen Novembertag in ziemlich übler Stimmung auf die winterblühende Kirsche, *Prunus subhirtella* 'Autumnalis', stieß. Ich entdeckte sie im Vorgarten eines städtischen Kinderhorts. Auf dem Gehsteig, unter meinen Füßen, war breiig zertretenes Fallaub und ich fröstelte. Plötzlich sah ich im Zwielicht, jenseits eines rostigen Zaunes, feenhaft blaß und zart, Kirschblüten an nackten Zweigen. Man will so etwas zunächst nicht glauben und meint, einem Scherz in Form artifizieller Blütchen aufgesessen zu sein. Diese frühen Blüten der Kirschen sitzen dicht auf den Zweigen, erst zum Frühjahr hin, werden die Blütenstiele allmählich länger.

Auch der Winterjasmin, obwohl ihn jedermann kennt, vermag immer noch zu überraschen, wenn an geschützten Mauerplätzen, mitten im Winter, seine zarten Blütensterne erscheinen.

Ich bedaure sehr, daß die genannten Pflanzen in meinem Garten nicht an einem Ort konzentriert gepflanzt sind. Ich wünschte, ich hätte soviel Platz, um eine Art winterliches Gärtchen zu machen. Es müßte ein separater Platz sein, um den ein Koniferengürtel oder eine streng formale Eibenhecke Windschutz gewährt, und in dem die tiefstehende Sonne nach Frostnächten die Winterblüten nicht bescheint, so daß sie allmählich auftauen können. Ich stelle es mir zauberhaft vor, in so einem Garten eine Menge rottriebiger Hartriegel und die blaßgelben Früchte der Cotoneaster-Watereri-Hybride 'Rothschildianus' verwenden zu können vor dunklem Eibengrün. Dort auch könnten viele wintergrüne Farne und Gräser den Flor der Winterblüher begleiten.

Doch jeder, der wie ich kein Gärtchen haben kann, das dem Winter vorbehalten ist, kann darauf achten, daß sein Garten von November an genügend bietet, um mehr als eines kurzen Blickes würdig zu sein. Denn das Leben im winterlichen Garten geht weiter. »Der Winter ist kein Wartesaal«, hat Karl Foerster es ausgedrückt. Es gibt wahrhaftig mehr winterliche Höhepunkte als ein paar Fichten. Aber es geht, so scheint mir, gar nicht so sehr darum, lebhafte Farben in eine dunkle Jahreszeit zu transportieren. Da ist ja Farbe im winterlichen Garten, nur ist es wichtig, den eigenen Blick dafür zu schulen. Ich meine, die Brauntöne, das Fahlgelb, Schwarzgrün und Grau winterlicher Gärten können als so kostbar empfunden werden wie die Farbqualität eines alten Gobelins. Zugegeben, nicht alles vertrocknete an sich ist reizvoll; es ist die Auswahl und Kombination mit Andersfarbigem, die der Sache Witz geben. Verhält es sich im sommerlichen Garten nicht ebenso, wenn wir versuchen, Blumenfarben, Laubtöne und Pflanzenformen in Einklang zu bringen?

Es ist nicht nötig, dem herbstlichen Kehraus jeden Staudenstengel zu opfern. Manche Korb- und Doldenblütler sind selbst im trocken-braunen Zustand willkommen, um damit fahle Grasfontänen oder Immergrünes zu benachbaren. Manchmal bin ich dankbar, wenn ein Frosteinbruch mich gehindert hat, allzu aufräumwütig zu sein. Und ein Rundgang danach, wie eingangs erwähnt, ist stimulierend. Die Zweige von *Rosa californica* 'Plena' können sich bei niedrigem Sonnenstand rotglühend zeigen. Die Lunarien haben die Saat längst ausfallen lassen, geblieben sind die fahlen Stengel mit den runden »Silberlingen«, die bei leisem Lufthauch erzittern und sich von weitem geisterhaft, unwirklich geben. Aronstab, *Arum italicum* 'Pictum', hat die lackroten Beeren im November verstreut, und aus feuchtglänzendem Boden drängen seine neuen, silbrig gezeichneten Blätter. *Sedum telephium* stirbt mit rosigen Stengeln; die Blüten sind längst rostig geworden. Astern und Japananemonen versamen sich weißwollig. Meine Stechpalme 'Blue Prince' hat Frucht angesetzt und überall ist da der unerwartete Reichtum an Grün von Schildfarnen, Heiden und Efeu.

Literaturverzeichnis

Bärtels, A.: Gartengehölze. Verlag Eugen Ulmer, Stuttgart 1981, 2. Aufl.

Chatto, B.: The Damp Garden. Dent, London 1982.

Encke, F., Buchheim, G., Seybold, S.: Zander-Handwörterbuch der Pflanzennamen. Verlag Eugen Ulmer, Stuttgart 1984.

Hicks, D.: Garden Design. Routledge & Kegan Paul, London 1982.

Hobhouse, P.: Farbe im Garten. Verlag Eugen Ulmer, Stuttgart 1988.

Jelitto, L., Schacht, W., Feßler, A.: Die Freiland-Schmuckstauden. Verlag Eugen Ulmer, Stuttgart 1990.

Hilliers: Manual of Trees & Shrubs. David & Charles, Newton Abbot 1974.

Lloyd, C.: Clematis. Collins Sons & Co., London 1977.

Foerster, K.: Blauer Schatz der Gärten. Verlag Eugen Ulmer, Stuttgart 1990.

Foerster, K.: Einzug der Gräser und Farne in die Gärten. Verlag Eugen Ulmer, Stuttgart 1988.

Jekyll, G.: Pflanzenbilder aus meinen Gärten. Verlag Eugen Ulmer, Stuttgart 1988.

Mathew, B.: The Smaller Bulbs. B. T. Batsford LTD, London 1987.

Menzel, I. und P.: Das Kletterpflanzenbuch. Verlag Eugen Ulmer, Stuttgart 1988.

Page, R.: The Education of a Gardener. Collins, London 1962.

Phillips, R. und Rix, M.: Shrubs. Pan, London 1989.

Phillips, R. und Rix, M.: Roses. Pan, London 1988.

Rainer, R.: Die Welt als Garten – China. Akademische Druck- und Verlagsanstalt, Graz 1976.

Robinson, W.: The English Flower Garden. John Murray, London 1906.

Synge, P. M.: Flowers & Colour in Winter. Michael Joseph, London 1974.

Synge, P. M.: Gartenfreude durch Blumenzwiebeln. Verlag J. Neumann-Neudamm, Melsungen 1966. (Originalausgabe: Collins Guide to Bulbs. Collins, London 1961.)

Scott-James, A.: Sissinghurst – The Making of a Garden. Michael Joseph, London 1974.

Thomas, G. S.: Perennial Garden Plants or the Modern Florilegium. J. M. Dent & Sons LTD, London 1976.

Thomas, G. S.: Plants for Ground-Cover. J. M. Dent & Sons LTD, London 1984.

Thomas, G. S.: Shrub Roses of Today. J. M. Dent & Sons LTD, London 1974.

Verzeichnis der Pflanzennamen

Wissenschaftliche Namen

Halbfette Ziffern verweisen auf Abbildungen

Abelia × *grandiflora* 64
Abeliophyllum distichum 116
Abutilon 102
Acaena 5, 62
– *affinis* 'Blue Haze' 83, 84, **90**
Acanthus hungaricus 62
– *spinosus* 56, 62
Acer capillipes 104
– *griseum* 104
– *negundo* 'Variegatum' 72, 104
– *palmatum* 'Atropurpureum' 65
– – 'Dissectum Atropurpureum' 65
– *rufinerve* 76, 104
Achillea × *taygetea* **49**, 68
Acidanthera bicolor var. *murielae* 94
Aesculus parviflora 62
Aethionema grandiflorum 'Warley Rose' **6**
Agapanthus-'Headbourne-Hybriden' 37
Ageratum houstonianum 31, 52, 96
Agropyron pubiflorum 53, 83
Ajuga reptans 35, **61**, 99
– – 'Atropurpurea' 53, 65
– – 'Burgundy Glow' 65
Alchemilla cepa var. *proliferum* 83
– *mollis* **41**, 80, 109
Allium carinatum ssp. *pulchellum* **39**, 84
– *christophii* 27, 33, **82**, **97**
– *schoenoprasum* 92
Alonsoa warscewiczii 96
Alyssum maritimum 96
– *saxatile* 'Citrinum' **48**, 68
Amaryllis belladonna 113
Anagallis monelli 84, 96
Anaphalis triplinervis 68, 94
Anchusa azurea 83
– *capensis* 96
Anemone blanda 111
– Japonica-Hybride 'Honorine Jobert' **64**, 76
– *nemorosa* 108, 109
Anthemis tinctoria 'Wargrave' 76
Antirrhinum majus 'Rembrandt' 58
Aquilegia formosa-truncata 45
– 'Norah Leigh' 83
Aralia elata 62

Aristolochia macrophylla 62
Arrhenatherum elatius ssp. *bulbosum* 'Variegatum' 33, 54, 74, 101
Artemisia absinthium 'Lambrook Silver' 68
– *arborescens* 64, 85, 102
– *canescens* 68
– *ludoviciana* var. *albula* 'Silver Queen' 68
– – var. *latiloba* 68
– *pontica* **69**
– *schmidtiana* 'Nana' 68
– *stelleriana* 31, 68, **90**
Arum italicum 'Pictum' 74, 109, 118
Aruncus dioicus 62
– *sylvester* 'Kneiffii' 62
Arundo donax 70
Asperula odorata 107
Aster dumosus 95
– × *frikartii* **4**, 95
– *lateriflorus* 95
– – 'Horizontalis' **25**
– *novi-belgii* 'Crimson Brocade' 32
Astrantia major 'Sunningdale Variegated' 72
– *maxima* **41**, 100
Aucuba japonica 'Variegata' 71

Ballota pseudodictamnus 68
Baptisia australis 31
Barbarea vulgaris 'Variegata' **6**, **22**
Belamcanda chinensis 113
Berberis × *ottawensis* 'Superba' 64, 65
– *thunbergii* 'Atropurpurea' 64, 65
– – 'Atropurpurea Nana' 64, 65, 83
– – 'Rose Glow' 56, 65
– × *stenophylla* 100
Bergenia 62, 91, **107**
– 'Ballowley' 95
– *cordifolia* **107**
Beta vulgaris 'Feurio' **39**
Borago pygmaea 83, **90**
Brunnera macrophylla **99**, 100
– – 'Variegata' 72
– – 'Langtrees' 74, 83
Buddleja 36

Calamagrostis × *acutiflora* 63
Calceolaria mexicana 84, 96
Calluna vulgaris 71
Campanula × *burghaltii* 83
– *persicifolia* ssp. *sessiliflora* 'Alba' 76

– *poscharskyana* 'Blauranke' **51**
Canna-Indica-Hybriden 63, 66, 83
– – 'Golden Wonder' **35**, 98
– – 'Le Roi Humbert' 54
Carex elata 'Bowles Golden' **45**, 70, 72
– *grayi* **107**
– *hachijoensis* 'Variegata' 101
– *morrowii* 'Variegata' 72
– *ornithopoda* 'Variegata' 84
– *pendula* 63
Caryopteris clandonensis 37
Cassinia fulvida 113
Catalpa bignonioides 62, 106
– – 'Aurea' 70, **71**
Cananche caerulea 53
Ceanothus 'Gloire de Versailles' 37
– *impressus* 112
Centaurea **69**
Cerastium tomentosum 68
Ceratostigma plumbaginoides 37
– *willmottianum* 113
Chamaecyparis lawsoniana 'Allumii' 68
– 'Columnaris' 68
– – 'Lanei' **71**, 76
– – 'Stewartii' **71**
– *pisifera* 'Filifera Aurea Nana' **58**, 71, 76, 83
Cheiranthus cheiri 22
Chimonanthus praecox 116
Chionodoxa luciliae 89, 111
Choenomeles 'Ernst Finken' **35**
Chrysanthemum haradjanii 'Amanum' 113
– *parthenium* 84
– *ptarmiciflorum* 'Silberfeder' 68, 95
Cichorium intybus 83
Clematis alpina 'Francis Rivis' 87
– *douglasii* var. *scotii* 83
– × *durandii* 83, 89
– × *eriostemon* 83, 89
– *flammula* 85
– 'Hagley Hybrid' 83
– 'H. F. Young' 83
– *integrifolia* 53
– × *jackmanii* 85
– 'Lady Betty Balfour' 89
– *macropetala* 86
– – 'Markham's Pink' 86, 87
– 'Marie Boisselot' 87
– *orientalis* 85
– 'Perle d'Azur' 83
– *texensis* 87
– – 'Gravetye Beauty' 87
– *viticella* 'Abundance' 89
– – 'Royal Velours' 54

Cobaea scandens 87
Colchicum agrippinum **90**
– *speciosum* 'Album' **47**
Commelina tuberosa 51, 52, 94
Convolvulus cneorum 102
– *tricolor* 96
Cornus alba 36
– – 'Argenteomarginata' 108
– – 'Elegantissima' 72, 108
– – 'Spaethii' 71
Cortaderia selloana 63, 101
Corylopsis pauciflora 117
Corylus maxima 'Purpurea' 65
Cosmos sulphureus 96
Cotinus coggygria 'Royal Purple' 54, 65
Cotoneaster horizontalis 89, 90
– Watereri-Hybride 'Rothschildianus' 117
Crataegus crus-galli 106
– *laevigata* 'Coccinea Plena' 105
– × *lavallei* 106
– × *prunifolia* 106
Crocosmia × *crocosmiiflora* 59, 63, 94
– – 'Spitfire' **35**
– *masoniorum* **45**, 94
Crocus 112
– *tommasinianus* 108, 110
– – 'Ruby Giant' 111
– 'Jeanne d'Arc' 111
– 'Vanguard' 111
Cuphea cyanea **35**, 83
– *ignea* 98
Cyclamen coum ssp. *caucasicum* 65
– *hederifolium* 109
– *purpurascens* 109
Cynara scolymus 37, 68
Cynoglossum nervosum 83
Cyrtanthus parviflorus 'Sunrise' 93
Cytisus scoparius 'Killiney Red' **57**

Dahlia 'Bishop of Llandaff' 68, 64
– 'Fascination' **52**
– 'H. E. Schulz' **25**
– *merckii* 95
– *pinnata* 95
– 'Roxy' 95
Daphne mezereum 'Album' 116
Darmera peltata 62
Delphinium 36, 44, **77**, 83, 100
– *grandiflorum* 83
Dianthus gratianopolitanus 68
– – 'Musgrave's White' 113
– 'London Delight' **33**, **55**
– *plumarius* 83
Dicentra spectabilis 111, 113
Digitalis purpurea 107

Dryopteris filix-mas **61**, 108
Duchesnea indica 100

Echeveria 69
Echinacea purpurea **25**
Echinops tournefortii 68
Echium plantagineum 96
Elaeagnus angustifolia 67
– *commutata* 67
Elymus arenarius 63, 70
Epilobium canum 68
Epimedium × *peralderianum* 'Frohnleiten' 117
Eranthis hiemalis 89
Erica arborea var. *alpina* 112, 117
– *darleyensis* 'Silberschmelze' 117
Eriophyllum lanatum **49**
Erodium manescavii **27**, 97
Eryngium agavifolium 63
– *bourgatii* **7**
– *tripartitum* 54, 56
– *variifolium* 96
Erysimum × *allionii* **28**
– *linifolium* 'Bowles Mauve' **25**
Erythronium 'Pagoda' 32
Eucomis bicolor 113
– *pole-evansii* 113
Euonymus europaeus 'Atropurpureus' 54, 89
– *fortunei* 'Emerald'n Gaiety' 72
– – 'Emerald'n Gold' **61**, 71
– – 'Silver Queen' 72
Euphorbia capitulata 113
– *characias* 113
– *cyparissias* 6, **22**, 59, 100, 109
– *dulcis* 49
– *griffithii* 'Fireglow' **45**, 49, 100
– *myrsinites* **47**, 49, **69**, 113
– *nicaeensis* 113
– *pilosa* 49
– *polychroma* **50**, 59
– *robbiae* 100, 109

Fargesia murielae 63
Felicia amelloides 'Variegata' **51**
Festuca 70
Filipendula ulmaria 'Aurea' 71
Foeniculum vulgare var. *purpureum* 28, 66
Forsythia suspensa 111
Fritillaria persica 'Adijaman' 113
Fuchsia 102
– 'Flash' **39**
– *magellanica* 'Variegata' 74
– – 'Versicolor' **25**, **52**

Galtonia 59, 95

Genista lydia 89
Geranium endressii 109
– *himalayense* 'Johnson's Blue' **28**
– *phaeum* 109
– *pratense* 'Kashmir White' 100
– – 'Plenum Violaceum' **52**
– *psilostemon* **27**
Geum 'Georgenberg' **50**
Gladiolus 94
– *communis* ssp. *byzantinus* 93
– 'Lustige Witwe' **25**
– *papilio* 93
Gleditsia triacanthos 'Sunburst' 70
Glyceria maxima 'Variegata' 63, 101
Gunnera 60, 114

Hakonechloa macra 'Alboaurea' **36**, 70, 72, 101
Hamamelis 'Jelena' 117
– *mollis* 'Pallida' 116
– 'Ruby Glow' 117
Hebe glaucocaerulea 113
– *glaucophylla* 67
– *ochracea* **28**
– *pinguifolia* 'Pagei' **67**, 113
– *recurva* 113
– *speciosa* 'Simon Deleaux' **27**, 102
Hedera 17, **108**, 109
– *colchica* 62
– – 'Paddy's Pride' **71**, 85
– – 'Sulphurheart' 85
– *helix* 'Adam' 74
– – 'Arborescens' 107
– – 'Buttercup' 70
– – 'Goldheart' **72**, 85
– – 'Marmorata Minor' 74
– – 'Tres coupé' 73
– – 'Trinity' 74
Helenium 36, 44, 94
Helianthemum 'Henfield Brillant' **59**, 68
– 'Fire Dragon' 59
– 'Wisley Primrose' 68
Helichrysum angustifolium 68
– *petiolare* 95, 102
– – 'Limelight' **4**, 70
– – 'Schwefellicht' 68
Helictotrichon sempervirens 53, 62, 70
Helleborus abchasicus 110
– *foetidus* 110
– *lividus* ssp. *corsicus* 110
– *orientalis* 32, **99**, 110
– *viridis* 110
Hemerocallis 'Banbury Cinnamon' 45
– 'Chosen Love' **27**
– 'Jake Russell' **15**
– 'Sammy Russell' **35**

Hepatica 111
Heuchera micrantha 'Palace Purple' **15**, 64, 66
Hibiscus syriacus 37
Hippophaë rhamnoides 67
Hosta crispula 74
– *fortunei* 'Aurea' 71
– – 'Aureomaculata' **15**, **72**, **73**
– – 'Obscura Marginata' **67**, **72**
– *helonioides* 'Albopicta' 74
– *sieboldiana* 'Frances Williams' **61**, 72
– – 'Semperaurea' **70**, 71
– – var. *elegans* 68
– × *tardiana* 66, 68
– – 'Blue Danube' 66
– – 'Halcyon' **36**, 66
– – 'Krossa Regal' **56**, 66
– *tokudama* 68
– – 'Nebulosa' 72
– *undulata* 'Univittata' **73**, 74
– *ventricosa* 'Aureomaculata' 72
Houttuynia cordata 'Chamaeleon' **65**
– – 'Flore Pleno' 65
Humulus lupulus 'Aureus' 71
Hyacinthoides non-scripta 111
Hyacinthus orientalis 'Borah Schneeweiß' 93
Hydrangea **36**, 76
– *aspera* ssp. *sargentiana* **62**, 114
– *macrophylla* 'Bluewave' 117
– *paniculata* 114
– *petiolaris* **61**, 85, 109
Hypericum patulum 'Rowallane' **94**

Iberis sempervirens **48**
– *umbellata* **31**
Ilex aquifolium 111
– – 'Argenteomarginata' **72**
– – 'Blue Prince' 118
– – 'Golden Milkboy' 71
– – 'Golden Queen' 71
– – 'Handsworth New Silver' **72**
Iris aucheri 113
– Barbata-Elatir 'Karin von Hugo' 53
– – 'Maori King' **28**
– – 'Pink Plume' **33**
– *danfordiae* 89
– *foetidissima* 'Variegata' **72**
– *histrioides* 'Major' 89, 112
– *orientalis* 63
– *pallida* 'Variegata' **72**
– *pseudacorus* 'Variegata' **72**
– Regeliocyclus-Hybriden 113
– *sibirica* 100

– Spuria-Hybriden 63
– – 'Imperial Bronce' **28**

Jasminum nudiflorm 117
Juniperus chinensis 68
– – 'Old Gold' **71**
– – 'Pfitzeriana' 68, **77**
– – 'Pfitzeriana Aurea' **71**
– *horizontalis* 68
– – 'Glauca' 84
– *sabina* 68
– *squamata* 68
– *virginiana* 'Skyrocket' 68
– – 'Grey Owl' 68

Kalanchoë 69
Knautia macedonica **33**
Kniphofia 'Atlanta' **28**
– 'Royal Standard' **35**
– *northiae* 113

Lamium maculatum 68, 98
– – 'Beacon Silver' **61**
Lathyrus latifolius 'Albus' 89
– *magellanica* 87
– *vernus* 109
Lavandula angustifolia **67**, 79
Lavatera olbia 'Rosea' 83
Leucothoë fontanesiana 'Rainbow' 117
Libertia grandiflora 113
Ligularia 62
– *dentata* 'Desdemona' 66
– – 'Othello' 66
Ligustrum ovalifolium 'Aureum' **71**
Lilium 93
– 'Black Beauty' **32**
– *bulbiferum* **28**
– 'Citronella'-Strain 93
– 'Connecticut Lemonglow' **94**
– Imperiale-Hybriden 93
– *martagon* 93
– *pardalinum* 93
– *regale* 93
– 'Rex' **15**
– *tigrinum* 93
Lindelofia longiflora 53, 83
Lithodora diffusa 113
Lobelia cardinalis × *L. siphilitica* 65
– *erinus* **31**, 53
– *fulgens* 'Queen Victoria' 58, 66
Lonicera × *brownii* 'Dropmore Scarlet' 87
– *caprifolium* **9**
– *henryi* 117
– *japonica* 'Aureoreticulata' **72**, 87
Lunaria annua 99, **110**, 118

Lychnis Arkwrightii-Hybride 'Vesuvius' 58
– *coronaria* 54, 68
Lysichiton americanus 63
Lysimachia ephemerum 68
– *nummularia* 'Aurea' 58

Macleaya cordata 63
– *microcarpa* 63
Mahonia × *bealii* 117
Malus 'Charlottae' 104
– 'John Downie' 104
– 'Eleyi' 104
– 'Hillieri' 104
Malva sylvestris ssp. *mauritiana* **27**
Matteuccia struthiopteris **99**
Meconopsis cambrica 100
– – *grandis* 'Branklyn' 83
Melianthus major 63, 102
Melica ciliata 70
Mentha pulegium 'Variegatum' 83, 100
– *rotundifolia* 'Variegata' **49**
Meum athamanticum **15**, **50**, 58
Milium effusum 'Aureum' **32**, 70, 71, 101
Mimulus aurantiacus 102
Miscanthus floridulus 63, 101
– *sinensis* 63, 101
– – 'Strictus' **72**
– – 'Variegatus' 74
Molinia arundinacea 'Transparent' 101
– *caerulea* 'Variegata' 74
– – ssp. *arundinacea* 63
Muscari 111
– *armeniacum* 'Saphir' **99**
Myrrhis odorata **99**, 100

Narcissus 91, 93
– *bulbocodium* 93
– 'Ceylon' 91
– *cyclamineus* 93, 111
– 'Green Island' 111
– 'Jenny' 91
– 'Passionale' 111
– *pseudonarcissus* 93
– 'Red Devon' 91
– *triandrus* 111
Nemesia 96
Nemophila menziesii 84, 96
Nicotiana alata **97**, 98
Nigella damascena 96
Nolana paradoxa 96

Oenothera missouriensis 59
Omphalodes verna 107

Onopordum acanthium 66
Ornithogalum umbellatum 108
Osteospermum barberae 95
Othonnopsis cheirifolia 113
Oxalis acetosella 106
– *tetraphylla* 'Iron Cross' 95

Pachysandra terminalis 72
– – 'Variegata' 74
Paeonia emodi 113
– Lactiflora-Hybride 'Paula Fay' 53
– Lutea-Hybride 'Roman Gold' 14
Panicum virgatum 'Strictum' 63
Papaver rhoeas 96
– *somniferum* 96, 97
Pelargonium regale 'Lord Bute' 33, 97
– *zonale* 102
– – 'Crystal Palace Gem' 94
– – 'Lass O'Gowrie' 94
– – 'Mephistopheles' 94
Pennisetum orientale 101
Penstemon 'Catherine de la Mere' 33, 54
Perovskia atriplicifolia 66, 68, 84
Phacelia campanularia 95
Philadelphus 36
Phlomis russeliana 77
Phlox paniculata 36, **52**
– – 'Düsterlohe' **52**
– – 'Norah Leigh' 25, 54
– – 'Sternhimmel' **25**
Phormium tenax 63, 102
– – 'Purpureum' 66, **94**
Phygelius capensis 87, 113
Phyllostachys aurea 'Variegata' 72
Pieris japonica 'Variegata' 74, 117
Pinus mugo var. *mughus* 76
– *parviflora* 'Glauca' 68
– *sylvestris* 76
– *wallichiana* 68
Plantago major 'Rubrifolia' 100
Pleioblastus viridistriatus **45**, 100
Plumbago auriculata 102
Podophyllum peltatum 63
Polygonum amplexicaule 'Firetail' **25**
– *filiforme* 'Variegatum' 72
Polystichum setiferum 108
Potentilla fruticosa 36, 68
Primula 114, 115
– 'Cowichan' 111
– Juliae-Hybriden 111
Prunus cerasifera 'Atropurpurea' 63, 64, 65
– *cerasus* 'Cistena' 65, 83, 110
– *sargentii* 104
– *spinosa* 'Purpurea' 65

– *subhirtella* 'Autumnalis' 104, 117
Pulsatilla vulgaris 'Rote Glocke' **33**
Pulmonaria rubra 100
– *saccharata* **53**, 68, 100
Pyracantha 'Soleil d'Or' 84
Pyrus salicifolia 'Pendula' 68, 106

Rheum 'Ace of Hearts' 63
– *palmatum* 63
– – 'Atrosanguineum' 66
– – var. *tanguticum* 63
– *rhaponticum* 63, 91, 113
Rhododendron 62
– *impeditum* 'Azurwolke' 117
– Kurume-Hybride 'Kermesina' 111
Rhus typhina 62
Ricinus communis 63
– – 'Gibsonii' 66
Robinia pseudoacacia 'Frisia' 71, 105
Rodgersia 60, 63, 114
– *pinnata* 'Superba' 66
Romneya coulteri **112**, 113
Rosa × *alba* 81
– – 'Celestial' 83
– *californica* 'Plena' **27**, 81, 82, 118
– *centifolia* 82
– – 'Bullata' 83
– – 'Fantin Latour' 82
– 'Constance Spry' 83
– × *damascena* 81
– – 'Mme Hardy' 83
– 'Duftwolke' 79
– *ecae* 70
– 'Europeana' 84
– 'Eye Paint' 83
– *gallica* 82
– – 'Agatha Incarnata' 83
– – 'Camaieux' 83
– – 'Cardinal de Richelieu' 82
– – 'Scharlachglut' 84
– – 'Versicolor' **27**, 80, **82**
– *glauca* 65, 81
– 'Gloire de Dijon' 87, 113
– 'Golden Wings' 81
– 'Lavaglut' 84
– 'Lavender Pinocchio' 82
– 'Leverkusen' 83
– 'Lilli Marleen' 84
– 'Marlena' 84
– 'Mme Alfred Carriere' 85
– 'Mme Lauriol de Barney' 83
– *moyesii* 'Geranium' 81
– 'Mrs. John Laing' 82
– 'New Dawn' 85
– 'Queen Elizabeth' 79
– 'Reine des Violettes' **84**
– 'Raubritter' **79**

– *rubiginosa* **9**
– *rugosa* 'Belle Poitevine' 81
– – 'Blanc Double de Courbet' 81
– – 'Frau Dagmar Hastrup' 81
– – 'Roseraie de l'Hay' 81
– – 'Sarah van Fleet' 81
– 'Schneewittchen' **9**
– 'Souvenir du Dr Jamain' 82, 87
– 'Superstar' 83
– 'Swanee' 61
– 'The Fairy' 84
– 'The Squire' 82
– 'Variegata di Bologna' 83
Rubus odoratus 62
Rudbeckia maxima 68
Ruta graveolens 'Jackman's Blue' 66
Salix alba 'Sericea' 68, 114
– – 'Chermesina' 114
– *lanata* 68
– *matsudama* 'Tortuosa' 114
– *repens* var. *argentea* 68
Salvia argentea 68, **69**
– *cacalifolia* 102
– *coccinea* 96
– *discolor* 102
– *elegans* 102
– *fulgens* 102
– *involucrata* 'Bethellii' 95, 102
– *lavandulifolia* 68, **79**
– *leucantha* 102
– *nemorosa* 'Blauhügel' **33**, 54
– – 'Mainacht' **33**, 93
– *officinalis* 'Icterina' 72
– – 'Purpurascens' 66
– *patens* 37, 53, 94, 96
– *sclarea* var. *turkestanica* **27**, 52
– *viridis* **31**, 96

Sambucus nigra 'Purpurea' 64
– *racemosa* 'Plumosa Aurea' 71
Santolina chamaecyparissus 7, 62, 69, 77
– *rosmarinifolia* 58
Sanvitalia procumbens 84
Sarcocca hookeriana ssp. *digyna* 117
Saxifraga fortunei 'Rubrifolia' 66, 112
– *hypnoides* 100
– × *urbium* 109
Schisandra grandiflora var. *rubriflora* 85, 88
Schizostylis coccinea 93
Scilla mischtschenkoana 89
– *siberica* 89
Sedum alboroseum 'Variegatum' 72
– *album* 'Coral Carpet' 66, **94**
– *cauticola* 'Vera Jameson' 66

Sedum alboroseum 'Robustum' 55
– *spectabile* 'Brillant' 39
– *spurium* 'Fuldaglut' 33, 66
– *telephium* ssp. *maximum* 'Atropurpureum' 35, 66, 98, 118
Sempervivum 66
Senecio bicolor 'Silver Dust' 69, 70
– *laxifolius* 'Sunshine' 70
– *leucostachys* 64, 70, 102
Sesleria caerulea 70
Silene armeria 96
Solidago 94
Sorbaria sorbifolia 62
Sorbus cashmiriana 106
– *vilmorinii* 106
Spartina pectinata 'Aureomarginata' 63, 72
Spiraea bumalda 'Goldflame' 50
Stachys byzantina 69, 77
– – 'Silver Carpet' 69
Stipa gigantea 101
Symphytum caucasicum 6, 33, 100
– × *uplandicum* 'Variegatum' 72

Tagetes tenuifolia 96
Taxus baccata 78
– – 'Washingtonii' 71
Tellima grandiflora 99, 100
– – 'Purpurea' 66

Teucrium chamaedrys 6
– *fruticans* 70
– *scorodonia* 'Crispum' 58
Thalictrum aquilegifolium 27
– *flavum* ssp. *glaucum* 69
Thuja occidentalis 'Rheingold' 71, 87
Thymus × *citriodorus* 'Doone Valley' 72
– *serpyllum* 'Coccineus' 33, 55
– *vulgaris* 'Golden King' 72
– – 'Silver Queen' 74
Tithonia rotundifolia 96
Tolmiea menziesii 'Variegata' 72, 100
Trifolium repens 'Purpurascens Quadriphyllum' 66
Tulipa 37, 91, 111
– 'Apricot Beauty' 59
– 'Captain Fryatt' 111
– 'Couleur Cardinal' 76
– *didieri* 99, 111
– *gesneriana* 99
– 'Orange Wonder' 59
– 'Prinz von Österreich' 76
– 'Queen of Bartigons' 110
– 'Queen of Sheba' 50
– 'Zomerschoon' 92

Ulmus × *hollandica* 'Wredei' 71

Verbena rigida 95
Veronica austriaca ssp. *teucrium* 83
– *spicata* ssp. *incana* 37, 69
Viburnum × *bodnantense* 'Deben' 116
– *opulus* 'Xanthocarpum' 115
– *plicatum* 'Mariesii' 115
– *rhytidophyllum* 62, 114
Vinca major 'Variegata' 72, 74
– *minor* 108, 111
– – 'Variegata' 74
Viola 109
– *cornuta* 33
– – 'Alba' 92
– – 'Lilacina' 52
– *labradorica* 65, 66, 84
– *nigra* 33
Vitis coignetiae 56, 62, 87
– *vinifera* 'Purpurea' **47**, **64**, 65

Weigela 36
– *florida* 'Foliis Purpureis' 65
– – 'Variegata' 71

Yucca filamentosa 37, 63, 69

Zinnia elegans 'Perserteppich' 35, 98
– – 'Old Mexico' 98
Zenobia pulverulenta 112

Deutsche Pflanzennamen

Akelei – *Aquilegia*
Artischocke – *Cynara*
Augenwurz – *Meum*
Barbarakraut – *Barbarea*
Bartblume – *Caryopteris*
Bartfaden – *Penstemon*
Bartiris – Iris-Barbata-Elatior
Berberitze – *Berberis*
Blaustern – *Scilla silberica*
Buschwindröschen – *Anemone nemorosa*
Christrose – *Helleborus*
Edeldistel – *Eryngium*
Efeu – *Hedera*
Eibe – *Taxus baccata*
Elfenblume – *Epimedium*
Fenchel – *Foeniculum*
Fingerhut – *Digitalis*
Frauenmantel – *Alchemilla*
Funkie – *Hosta*
Geißbart – *Aruncus*
Geißblatt – *Lonicera*
Glockenblume – *Campanula*
Goldlack – *Cheiranthus*

Günsel – *Ajuga*
Hartriegel – *Cornus*
Heiligenkraut – *Santolina*
Hornveilchen – *Viola cornuta*
Hortensie – *Hydrangea*
Jelängerjelieber – *Lonicera*
Judassilberling – *Lunaria*
Kiefer – *Pinus*
Kirschpflaume – *Prunus cerasifera*
Königslilie – *Lilium regale*
Leberblümchen – *Hepatica*
Löwenmäulchen – *Antirrhinum*
Lungenkraut – *Pulmonaria*
Minze – *Mentha*
Missouri-Nachtkerze – *Oenothera missouriensis*
Mondviole – *Lunaria*
Montbretie – *Crocosmia*
Nelke – *Dianthus*
Perückenstrauch – *Cotinus*
Pfaffenhütchen – *Euonymus*
Pfeifengras – *Molinia*
Poleiminze – *Mentha pulegium*
Raute – *Artemisia*
Rittersporn – *Delphinium*
Säckelblume – *Ceanothus*

Salbei – *Salvia*
Schneestolz – *Chionodoxa*
Schnittlauch – *Allium schoenoprasum*
Schönmalve – *Abutilon*
Seidelbast – *Daphne*
Sonnenröschen – *Helianthemum*
Stachelnüßchen – *Acaena*
Stechpalme – *Ilex*
Steintäschel – *Aethionema*
Sterndolde – *Astrantia*
Strauchveronika – *Hebe*
Taglilie – *Hemerocallis*
Taubnessel – *Lamium*
Tigerlilie – *Lilium tigrinum*
Tränendes Herz – *Dicentra*
Wacholder – *Juniperus*
Waldmeister – *Asperula*
Wegwarte – *Cichorium intybus*
Weide – *Salix*
Winterjasmin – *Jasminum nudiflorum*
Winterling – *Eranthis*
Wolfsmilch – *Euphorbia*
Zaubernuß – *Hamamelis*
Zierlauch – *Allium*
Zierquitte – *Choenomeles*
Ziertabak – *Nicotiana*

ZUR WEITEREN LEKTÜRE EMPFOHLEN

Farbe im Garten. Von → **Penelope Hobhouse.** Aus dem Englischen von → **Dr. Helge Mücke.** 240 Seiten mit 300 Farbfotos sowie farbigen Skizzen. Leinen mit Schutzumschlag und Schuber → **DM 98,-.** Farbe, die wohlüberlegt und geschickt eingesetzt wird, bildet eine wesentliche Grundlage für jeden schönen Garten. Dabei geht es nicht nur um die → **Kombination** von Blütenfarben oder um die Verwendung einer einzelnen Farbe für einen monochromen Garten, sondern auch um die gelungene → **Abstimmung** auf das umrahmende Blattwerk mit seinen unterschiedlichen Grüntönen und Strukturen.

Das Buch gibt einen weitgespannten Überblick über die wesentlichen → **Gestaltungsmerkmale,** die dem Gärtner helfen, Farben wirkungsvoll zu nutzen. Die → **Pflanzenbeschreibungen** umfassen mehr als 1000 Gattungen, Arten und Sorten, die zuerst nach Farben, dann nach Jahreszeiten vorgestellt werden. Dabei sind die Kulturansprüche jeder Pflanze berücksichtigt und ihre Farben, Formen und Blätter beschrieben. → **Pflanzpläne und Fotos von Gartenanlagen** sowie großen und kleinen Rabatten, einfarbige und farbenprächtige, ruhige und erregende Gartenbilder illustrieren den Reichtum und die Feinheit der Ideen dieser international renommierten Gärtnerin.

Pflanzenbilder aus meinen Gärten. Über englische Gartengestaltung. Colour Schemes for the Flower Garden. Von → **Gertrude Jekyll.** Aus dem Englischen von → **Angela Uthe-Spencker.** 186 Seiten mit 47 Farbfotos, 47 farbigen Zeichnungen und 16 Bepflanzungsplänen. Pp. mit Schutzumschlag → **DM 58,-.**

Colour Schemes for the Flower Garden, wie der Originaltitel lautet, → **gehört zu den einflußreichsten Gartenbüchern unseres Jahrhunderts.** Das Buch zu lesen ist wie ein anregender und lehrreicher → **Gang durch alle Jahreszeiten in Gertrude Jekylls eigenem Garten.** Die Autorin vertritt darin die Ansicht, daß die Qualität eines Gartens erst in der bedachten Sorgfalt, jede Pflanze und jede Pflanzengruppe so anzusiedeln, → **daß ein harmonisches Pflanzen- und Farbbild** entsteht, zum Ausdruck kommt. Annähernd achtzig Jahre Kulturgeschichte der Gartengestaltung haben diesem Buch nichts von seinem Reiz und seiner Aktualität genommen.

Prospekte kostenlos

Erhältlich in Ihrer Buch(Fach)handlung oder beim **Verlag Eugen Ulmer**
Postfach 70 05 61, 7 Stuttgart 70

VERLAG EUGEN ULMER

ZUR WEITEREN LEKTÜRE EMPFOHLEN

Die Freiland-Schmuckstauden. Handbuch und Lexikon der winterharten Gartenstauden. Begründet von → **Leo Jelitto** (†) und **Wilhelm Schacht**. Neu herausgegeben von **Wilhelm Schacht** und **Prof. Dipl.-Ing. Alfred Feßler**. 4., überarbeitete Auflage. 683 Seiten mit 663 Farb- und 342 Schwarzweißfotos. Leinen mit Schutzumschlag → **DM 290,-**. Die Stauden näher kennenzulernen, mehr über ihre Lebensbedingungen und Verwendungsmöglichkeiten zu erfahren und zugleich einen Überblick über die Gesamtheit der Freilandstauden zu geben, ist das vorrangige

Ziel dieses Werkes. Es umfaßt all jene Staudengattungen, → **die bei uns winterhart sind und Anspruch auf Gartenverwendung erheben**. Die Autoren haben die Arten beschrieben und geben unter Berücksichtigung der natürlichen Standortverhältnisse Hinweise für die **Kultur und Verwendung in Garten und Park, Landschaft und Natur**. Ältere Erfahrungen sind in dieser Neuauflage durch ein neues Wissen ergänzt. So ist ein Lehr- und Nachschlagewerk entstanden, mit dem sowohl der Fachmann als auch der Hobbygärtner zurechtkommt. Mit großem Engagement zeigen die Autoren auch, wie bisher wenig oder nicht bekannte Stauden verwendet werden können. Die reiche, überwiegend farbige Bebilderung verleiht dem umfassenden Werk zusätzlich einen hervorragenden Anschauungswert.

Pflanzen-Einkaufsführer. Anbieter von Pflanzen und Sämereien aus dem gesamten Nutz- und Zierpflanzenbau. Von → **Anne** und **Walter Erhardt**. 380 Seiten. Kartoniert → **DM 38,-**.

Pflanzensammler, Landespfleger und Erwerbsbetriebe, die Wert auf ein besonderes Sortiment legen, plagt oft die gleiche Frage: → **Wo kann ich eine ganz bestimmte Pflanze beziehen?** In Zukunft empfiehlt es sich, noch bevor man eine Verkaufs-Odyssee antritt, im Pflanzen-Einkaufsführer nachzuschlagen. Gegliedert nach Pflanzengruppen findet der Interessent hier → **Anbieter von Pflanzen und Sämereien aus dem gesamten Bereich des Nutz- und Zierpflanzenbaues**. Dabei können die Anbieter Gartenbaubetriebe, Wiederverkäufer und spezialisierte Pflanzenliebhaber sein, die von ihren Pflanzenschätzen abgeben. Erfaßt wurden Adressen in der Bundesrepublik Deutschland, in Österreich, der Schweiz und den Beneluxstaaten. Das Buch bietet darüber hinaus zahlreiche Zusatzinformationen, beispielsweise zum Sortimentsschwerpunkt und Verkaufsmodus der Betriebe.

Prospekte kostenlos

Erhältlich in Ihrer Buch(Fach)handlung oder beim **Verlag Eugen Ulmer**
Postfach 70 05 61, 7 Stuttgart 70

VERLAG EUGEN ULMER